阴阳鱼给外贸新人的必修课

YINYANGYU'S COMPULSORY COURSES FOR FOREIGN TRADE ROOKIES

阴阳鱼 著

中国海关出版社

图书在版编目（CIP）数据

阴阳鱼给外贸新人的必修课／阴阳鱼著．—北京：中国海关出版社，2017.10
ISBN 978-7-5175-0230-2

Ⅰ.①阴… Ⅱ.①阴… Ⅲ.①对外贸易—基本知识—中国 Ⅳ.①F752

中国版本图书馆 CIP 数据核字（2017）第 234119 号

阴阳鱼给外贸新人的必修课
YINYANG YU GEI WAIMAO XINREN DE BIXIUKE

作　　者：	阴阳鱼
策划编辑：	郭　坤
责任编辑：	郭　坤
责任监制：	王岫岩　赵　宇
出版发行：	中国海关出版社
社　　址：	北京市朝阳区东四环南路甲 1 号　　邮政编码：100023
网　　址：	www.hgcbs.com.cn；www.hgbookvip.com
编 辑 部：	01065194242－7585（电话）　　01065194234（传真）
发 行 部：	01065194221/4238/4246/4227（电话）01065194233（传真）
社办书店：	01065195616/5127（电话/传真）　01065194262/63（邮购电话）
印　　刷：	北京鑫益晖印刷有限公司　　　　经　销：新华书店
开　　本：	889mm×1194mm　1/32
印　　张：	8.25　　　　　　　　　　　　　字　数：109 千字
版　　次：	2017 年 11 月第 1 版
印　　次：	2017 年 11 月第 1 次印刷
书　　号：	ISBN 978-7-5175-0230-2
定　　价：	45.00 元

海关版图书，版权所有，侵权必究
海关版图书，印装错误可随时退换

前 言

业务员 & 外贸 SOHO 的五重境界，你在第几重？

视野决定业绩。业务员从盯着订单，到盯着客户，盯着市场，盯着自己的核心能力，盯着行业趋势，就是视野提升的几个阶段。"欲穷千里目，更上一层楼。"成长始于

阴阳鱼给外贸新人的必修课

视野的拓宽,做业务员要操经理的心,做经理要操老板的心,才能最快成长。多挑担子的肩膀才能更加结实,像老板一样操心你才能有老板的视野。

第一层:盯着订单

新手往往都急切地想成交,所以做所有工作都以订单为中心;对客户了解很少,觉得所有潜在的客户都是手里有现成的订单,想什么时候下单,就什么时候下单。我刚参加工作那会儿,下面子公司的人只要遇到老外就觉得他们是上帝,都有可能给自己订单。

新人只盯着订单,所以和客户谈来谈去,都离不开品质、价格、交期,并只能靠这个吸引客户;最终,也只能在价格上一让再让,以求得订单。

在谈判上,他们有的倾向于"面对面",同客户针锋相对,比较冷硬,最后丢失订单;有的不断妥协,比较软,结果,被客户利用,拿到毫无利润的订单。

在这个阶段,业务员刚踏入社会,冲劲十足,个性十足,还不太能抛开"以自我为中心"的理念;屡屡遇到挫折，逐步明白技巧的重要性，并注意学习技巧。

第二层：盯着客户

工作几年后，新员工慢慢清楚订单是客户下的，赢得一个客户远比赢得一个订单重要。开发一个新客户要付出的努力是维护好一个忠诚的老客户的很多倍。每个客户的获取成本都很高，但你获取客户后有终身价值。与此同时，做丢一个客户的损失很大。所以有一些经验的外贸人会竭力同客户建立长远的合作关系。

他们开始认真思考，客户对于供应商的要求是什么，客户的需求是什么？了解清楚后，他们会尽力去满足客户的需求，并竭力维护双方良好的合作关系。他们在谈判的时候，会考虑客户不同方面的需求，以及客户的业务，所以，他们的服务比较周到，同客户的关系也相对比较牢靠，客户流失率很低。

这类业务员拼命地寻找客户，无论客户大小，都尽量通通拿下。在谈判上，他们尽力同客户"肩并肩"，争取双赢，妥善处理争议，既为公司争取利益，又兼顾与客户

阴阳鱼给外贸新人的必修课

的关系。

这个阶段的业务员逐步明白,销售技巧即心理学。他们在实际运用中,技巧逐步成熟,能抛开"以自我为中心"的想法,明白"舍己从人"的道理,逐步同客户建立起较好的关系。

第三层:盯着市场

当业务员进一步成长后,他们发现,决定销量的不是客户数量的多少,而是某个市场的容量。如果一个不是很大的市场,拿下一个关键客户可能就足够了,没有必要再找十几个客户。客户数量不重要,有效覆盖市场才重要。如果一个客户能覆盖市场,就不要贪多,否则,一来客户自相残杀,打价格战会把价格降下来,二来客户太多,维护起来太累。

于是,处于这一层次的业务员很关注客户的质量,并且竭尽全力配合客户在当地市场的拓展,与客户一起成长。他们同客户的关系非常紧密,大家在一起策划方案,一起探讨,双方互相支持,犹如一个团队。他们之于客户，如同咨询师，客户对他们言听计从，双方互通有无，关系十分牢靠，其他供应商基本没有任何机会插入进来。

第四层：盯着自己的核心能力

到达第三层以后，业务员会进一步成长，他们会遇到强劲的竞争对手，明白一个道理，很多销售的成果取决于销售能力之外的因素，比如产品的研发能力，产品是否适销对路，产品品质是否为市场接受，产品价格是否有竞争力等。他们逐渐明白求之不得反求诸己的道理；大部分时候丢单不是因为自己技巧有问题，而是因为自己的核心竞争力不够，只有彻底提高自己的核心竞争能力，才能保障业务；只有打败自己才能打败对手。所以，这一层次的业务员把目光放在打造自己的核心竞争能力上。他们能在细分市场中，建立起强大的核心竞争力和优势，成为细分行业的佼佼者，客户、市场对他们来说都不是问题，他们甚至有能力来筛选客户。

第五层：盯着行业趋势

虽然取得了行业佼佼者的成绩，但是他们发现自己的

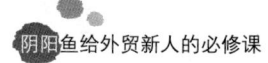
阴阳鱼给外贸新人的必修课

发展还是不可避免地会遇到天花板,或者他们了解到有些公司的经营能力并不是很强,但因为站在了风口上,腾飞了起来。所以,他们发现,跟随趋势很重要。要想成功需要选择有快速增长的,且潜在市场容量巨大的产品和行业,这对于自己的销售业绩才最具有决定性。于是,他们到处收集信息,不断思考趋势,尽全力走在趋势的前面。

你知道自己现在处于哪个层次吗?对照上文确定好自己的位置后,就加油努力不断提升自己吧!

目 录

外贸找客户 ··· 1

    巧用海关提单快速免费找客户 ····················· 3

巧用展会 ·· 13

    一切不以成交为目的去广交会参展,

        都是暴殄天物 ································ 15

    老板,广交会不成交,真的不是销售人员的错 ······ 27

开发信写作 ·· 39

    老鸟阴阳鱼告诉你开发信应该怎么写 ············· 41

客户为何不回复你的开发信 …………… 59
如何让客户对你的开发信动心 …………… 77
给客户一个理由回复你 …………… 91
20年老鸟阴阳鱼修改的开发信 …………… 107
开发信模板汇总 …………… 122

外贸谈判 …………… 149
关于谈判给新手的一些建议 …………… 151
客户交涉技巧之顿挫手法 …………… 161
如何应对客户压价 …………… 167
差异化战略应对不同客户需求 …………… 175
客户给的价格太低，该怎么做 …………… 182
我的一次价格谈判 …………… 187
客户说印度尼西亚供应商的价格
  是我们的一半，我该怎么办 …………… 199
客户说要跟别人合作，你怎么回复 …………… 203
客户跑了，是你没拿住客户的关切 …………… 223

目录

其 他 ································· 235
外贸老鸟告诉你，怎么快速让你的销售
　业绩翻倍 ··························· 237
阴阳鱼教你如何处理客户投诉问题 ········· 240

One

How to Find Customers in Foreign Trade

外贸找客户

巧用海关提单快速免费找客户

很多人一直抱怨客户不好找。找到的很多客户都是 B2B 平台上的,看不到客户信息。好不容易找到客户邮箱发了很多开发信,客户又不回复。Google 上的客户信息真假参半,很多都是国内的工厂,不易筛选。那么,到底怎样才能找到高质量的进口商呢?

这里讲一个办法,巧用 Google 搜索功能,免费搜索海关提单客户。大家知道海关提单一般都售价不菲,比如本文介绍的"importgenius.com"一个月会员费要好几百美元,能看的数据还很有限。网站中大多数的联系方式也是他们自己搜来的,很多都没有联系人和邮箱,所以,想找到客户还得靠你自己。

搜进口商的名称

搜进口商的方法非常简单，你只需要在 Google 搜索页面输入"site：importgenius.com + 你的产品名称"就可以了，Import Genius 是美国一家进口报关信息网站，网站内有许多各国进出口商的进出口历史记录，非常有价值。

然后，我们看图 1-1 Google 搜索到的结果，全部都是进口商，厉害吧。

图 1-1

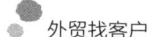 外贸找客户

我们选择第一个条目点进去,往下翻,可以看到图 1-2 所示的信息。

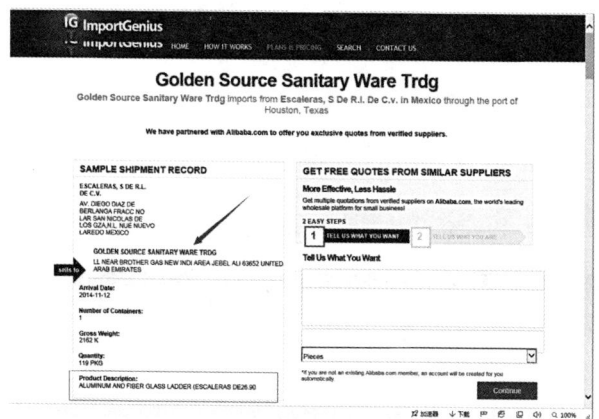

图 1-2

在 Sample Shipment Record 中记录了进口商的名字和地址。

搜联系人

找到了公司,怎么找到他的联系人呢?之前我们可以直接用 Linkedin 查看联系人。可 Linkedin 最近变"坏"了,现在你不能随意看联系人了,只有付费才能看。花不

少钱,还看不了几个人的联系方式,着实太不划算。我们还是拜托 Google 帮忙好了。

首先,在 Google 搜索栏输入"site:linkedin.com Golden Source Sanitary Ware Trdg"你可以把这个"Golden Source Sanitary Ware Trdg"换成你想搜的任何公司的名字。

此时,再看图 1-3 所示的搜索结果。

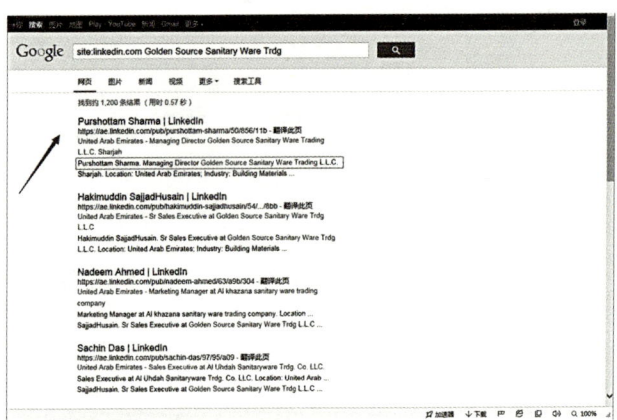

图 1-3

我们搜到的第一个人就是 Purshottam Sharma,点击进去查看发现他是该公司的 Manager Director,因而,我们可以断定联系他应该没什么问题。

外贸找客户

搜网站地址

为了找到邮箱,我们一般要先找到客户公司的网址,以便进一步调研客户。

我们只要在 Google 搜索页面,输入"Golden Source Sanitary Ware Trdg http://""http://"也可以替换成"www"或者"web""website"等词。

我们看到搜索出的网址是"http//www.goldensourceuae.com",如图 1-4 所示。

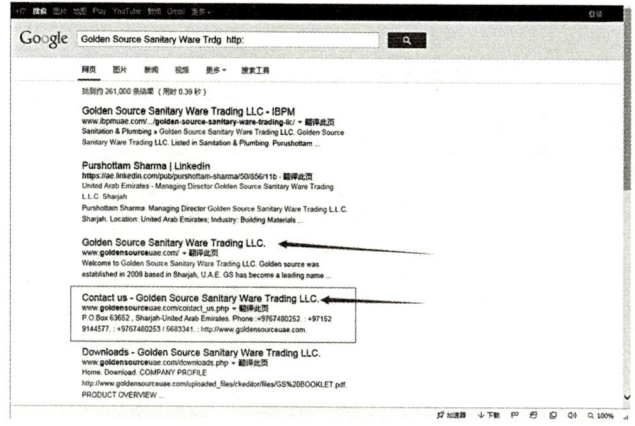

图 1-4

查看客户公司的产品和公司介绍

进了进口商的公司网站后,我一般喜欢直接浏览产品页面,看看客户产品线和我的产品是否匹配。这个示例页面打开有点慢,我就点击进入了下面的下载页面,在这里我看到了 Company Profile(公司简介)和 Product Overview(产品概览)这两个 PDF 文件,如图 1-5 所示。它们对于我们分析这个公司非常有价值,把它们下载下来备用吧。

图 1-5

除了公司简介和产品概览外,我们还看到了联系方式,如 Facebook,Twitter 等信息。但是,邮箱是销售人员的邮箱,不是特别有用。

再回到产品页面如图 1-6 所示,产品也一目了然了。

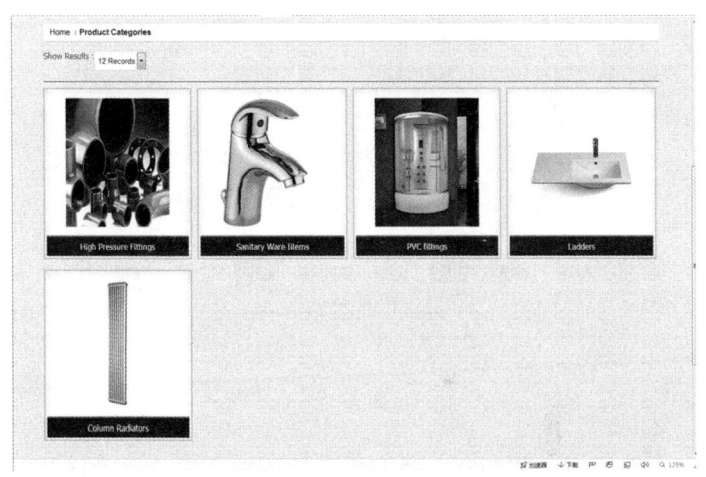

图 1-6

下一步,继续查看该公司网站的"About us"页面,看看客户怎么介绍自己,如何定位自己的。

"About us"页面中介绍,客户公司成立于 2008 年,有仓库,对产品的质量要求很严,服务优质同时又宣称价格极具竞争性,如图1-7所示。这段话中,我估计后半部分更可信点,通过这些话我可以初步判断这个客户在市场中可能是靠价格取胜的。

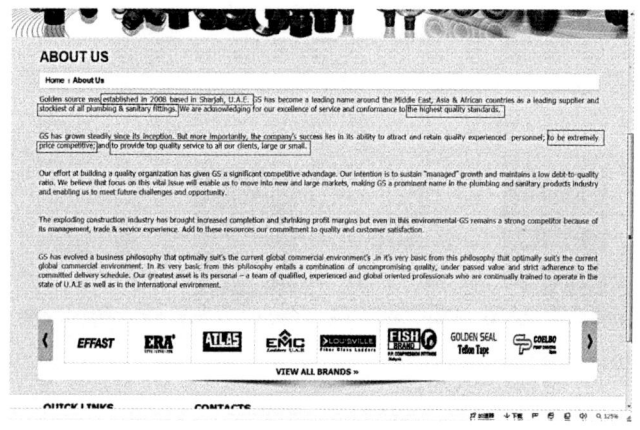

图1-7

基于以上的判断,我们可以预测这个客户对价格会比较敏感,我们只能靠低价取胜。那么在接下来的开发信里,我需要利用一些低价的优势产品来主打。

查看联系方式

点击客户公司网站页面的"contact us",就能看到该

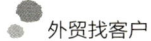 外贸找客户

公司的联系方式了,如图 1-8 所示。

图 1-8

在这个页面多了一个 Feedback/Query(反馈/咨询)的界面,收件人一般也是前台人员,或者销售人员。因为客户网站预留这个入口,并不是留给供应商的,而是留给他自己的客户的,其价值估计不会比销售人员的邮箱的价值大。还是回到 Google 的首页搜邮箱,看看是否能有收获吧。

Two

Cleverly Use the Show

巧用展会

巧用展会

一切不以成交为目的去广交会参展，都是暴殄天物

广大外贸业务员们，展会就是要开单的。如果客户带着订单，在展会现场和你面对面谈判，你都拿不下订单，客户回去后，凭邮件、电话你就能拿下来订单。你们信吗？反正，我不信。

不同于其他垂直性的专业展会掺杂着小零售商甚至个人，广交会是个历史悠久的综合性展会。众多的客户多年来已经养成了在广交会下单的习惯。

采购商为什么参加广交会

垂直性展会上参展商的数量可能是广交会的许多倍，

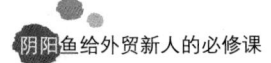
阴阳鱼给外贸新人的必修课

为何外国客户还是要到广交会?

1. 供应商管理平台

海外客户基本上把广交会当成了一个供应商管理平台。每年过来一次或者两次,短短几天内,客户可以密集地会见供应商、下单、沟通问题。需要时,他们也可到工厂现场去考察一下,极其便利。

2. 跨品类管理

广交会的忠实参会者多数都是经营时间较长的批发商、连锁店。很多参展商可以说是同广交会和中国外贸一起成长壮大起来的。这些参展商的产品跨度比较大,不局限于单一产品品类,因此,采购商在广交会更容易找到不同品类的供应商。

3. 供应商质量

相对而言,广交会上的供应商都是经过政府筛选的。

即便是买地下摊位的,也是有一定实力的工厂,因为摊位费太贵,小企业无力承担。

专业展会中很多公司的展出目的是宣传形象,但广交会上如果你的目的不是拿订单,而是拿几张名片回去就满足了,那绝对是糟蹋大好机会。别拿老板的钱不当钱。此外,不善加利用广交会绝对是你的损失,为什么?

为何要在广交会现场拿订单

1. 趁热打铁

客户表现出浓厚的兴趣的时候,你不一鼓作气将他的订单拿下,等他回去了,甚至都淡忘你了,你再谈,会有在现场谈判那么容易吗?

2. 客户在展会上全部心思都是采购

客户参展就是为了采购,因此他的行程安排完全以采

阴阳鱼给外贸新人的必修课

购为主,心思也都放在了采购上,极为有利于你谈判。等客户回去后,分心的琐事太多了,他还能保持这么专注吗?他不把你忘了就算客气的了。

3. 夜长梦多

客户有需求,在你这儿不成交,在别的供应商那儿可能就成交了。谈判战线拉得越长风险就越大,不要让煮熟的鸭子飞了。

4. 印象不同

有人说,客户签了一个PI(形式发票),回去也有可能不执行,货款到不了账。我就想问,那不签PI,货款就能到账了吗?最起码,签了PI客户会有个更深的印象,知道这家公司当时他很深入谈了,也基本决定在那儿采购了,连PI都做了。而其他家,他只是感兴趣多问了几句。这两种效果能一样吗?

如何在广交会成交订单

1. 价格的诱惑

天下熙熙皆为利来。

要让客户觉得你的产品价格很低。注意"觉得"两个字,你的价格确实很低,但客户不觉得,你就是白忙活。即使你的价格不低,客户觉得你低,你就是低。

价格法则:客户不是要买最低价的产品,而是买最划算的产品。

伪装法则:将你的产品包装得很高端,然后价格跟不包装的产品差不多,客户会觉得这个产品好很多,价格还和其他产品差不多,买买买。

歼敌法则:做几款别人都有的产品,想办法在质量不受损的情况下,把成本降下来,甚至质量要优于对手。这样客户一下子就会跟你亲近起来了。更好的东西,还便宜这么多,他不选你选谁。

用这些策略，先把客户从对手那里拉过来，然后，研发几个新品，让客户不好比价，你就可以把价格定高点，然后再给客户打折。让客户感觉你把最好的东西以最优的价格给他了。

又有一些人说，"我也想便宜点卖产品，可一分价钱一分货，老板不让。"好吧，把这篇文章交给他，想尽办法让他看。

其实，卖东西不是不能便宜，是你"脑洞"不够大。我最爱的两家公司是宜家和ZARA。宜家的产品开发是从客户调查开始的，它先大致设定一个目标成本，然后，设计师、工程师、生产人员、采购人员、市场人员一起工作，看看如何通过变通材料，改造设备，改进工艺，改变造型等不同途径巧妙省钱。反正企业就一个目标，要让客户觉得他们的产品是好东西，而且还挺便宜。不仅仅是产品本身可以创新，整个公司运维的方方面面都可以创新，而且都必须创新，这样你才能实现雷军的七字诀"专注，极致，口碑，快。"

抢机会就像填瓶子。空瓶子的时候,处处都是空间,处处都是机遇,你填个大石块都能填下,但你填,别人看到了也会填,就看谁填得快。等大石块都填不下了,大家就填小石子,然后装沙子,等到装水的时候,行业就成熟了,利润会变得很薄。你要快速抢占机会,就要形成口碑,让用户帮你传播。嘴巴长在人家身上,你得做到极致,又好又便宜,人家才会传播。不专注,能做到极致吗?

好了,说了这些,我承认这个还是给老板看的。哦,忘了告诉你了。

老板法则:对业务员来说,老板远比客户重要。不搞定老板,想搞定客户是非常非常难的。

这个道理很简单,把老板哄开心了,价格可以让让让,交期可以赶赶赶。反之老板不开心,你懂的,免费样品不给发,价格不给降,付款方式不给妥协,等等。不怕客户无敌,就怕老板无能。不签单是"我"的损失大,还是老板的损失大?可老板会这样想吗?老板会觉得这个业务员一点不为公司着想,就知道为自己的那点佣金,竟然

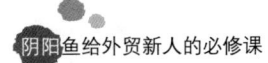

阴阳鱼给外贸新人的必修课

这样……下次一定要加强控制,要不还得了……

2. 小恩小惠

展会现场的桌上要放点糖果甜点,因为甜食可以释放多巴胺,让人心情愉快。然后再弄点小礼品,贴个告示,在展会现场签单的客户都送一个小礼品。礼品或许值不了几个钱,但很多客户很喜欢。

有些人又有疑惑了,这样做万一招揽来了很多冲着礼品下单的人,回头他们的货款不到账,我们所有的努力都会白费了。确实有这种情况,有届展会,有几个不是做我们产品的客户过来签了好几个订单,最后他们多数没打货款,但也有一两个客户真的打了款。因此,相比收获,送小礼品还是划算。而且,它更大的意义在于你从对手那里抢夺了客户更多的注意力份额。

恩惠法则:先有感觉,后做决定。人都是做了决定后才找依据的,先让客户对你有感觉,订单自然手到擒来。

小恩小惠为何这么有用?原因不在于礼物的金钱价

值，而是人都有占便宜的心理。即便是 B2B 的客户，也需要那种被人重视的感觉，没有一个客户愿意同无视他的供应商合作的。

3. 展会大促

设定一个展会特别价格，或者特别折扣。只有展会期间才有，展会结束就没有了。

这种策略虽然很实用，但是，展会现场实操的时候要注意，很多参展的客户做不了主，展会期间定不了款式和数量。有可能会让你错失掉许多客户。因此，客户要是这么说，你就对他妩媚一笑，说："这个没关系的，你回去还是可以修改产品的款式和数量。好多其他客户，为了拿到这个千载难逢的折扣，都先订了一些款式，回去再仔细研究。您要是不放心，我给您写 PI 上。"这样就可以最大限度地挽留客户，拿下订单。

错过法则：过了这个村，就没这个店了。紧迫感会促使客户采取行动。

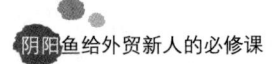
阴阳鱼给外贸新人的必修课

4. 推进

关于如何推进订单进度，我看了很多成交技巧18法之类的文章。可到最后，我这个"笨鸟"一招也没记住。

这20多年在外贸行业的经验，让我只学了一招，就是"傻子"成交法。每个客户来了，"傻子"都当他是来买货的。"傻子"的每个动作，每一句话也是当客户是要买货的。他从来没有"你会不会买，或者你恐怕不会买"的念头。今天买与不买，他都把人家当成客户，态度友好诚恳，大小不欺，贫富一视同仁。只有抱着这种心态，才能让客户感知到你的诚意，对你产生信任。

你逛商场或逛街时有没有过这样的遭遇？本来想买件衣服，进了店之后销售员斜着眼睛将你从头到尾"扫描"一遍后，对你爱搭不理，这种时候你即使再喜欢那件衣服也不会购买。

一般我们公司业务员在展会签的单，有一半的订单客户会打款。展会几天下来业务员因人而异，有一笔订单都没有的，也有高达90%的成交率的。遗憾，这么厉害的人不是本人。看到她的成绩，我眼都红了。我先飞了20年，还不如一个只做了2年的新手。当时，我整个人都很沮丧，对自己产生了怀疑。后来，我一直在不停地琢磨，她到底哪里比我强。最后，我的结论是她"傻"。她一直做跟单，没有做过客户开发，从没被客户拒绝过，只当每个客户都跟她跟的那些老客户一样。而且，她性格有点大条，从来不拿自己当外人。所以，她像对老客户一样，跟新开发客户讨论产品的细节、款式、尺寸、颜色、包装、数量、交期，然后给他们做一个PI。

客户来参展就是来下订单的，你不需要委婉地谈天说地，直接跟客户谈订单本身相关的细节即可，不要预先评判客户是否会购买，下不下订单是客户与你谈了细节后才做决定的。

压力法则：要成交就千万不要给客户任何的压力，不要让客户看出你急于成交。

你越急，客户越看低你，越占有主动性。你若有所图，

他必有所防备。要使客户毫无防备,在自然而然的情境下,让订单水到渠成。要做到这一点关键在于你要"傻"起来,自己心里认定客户是来订货的,所以,不要紧张、忐忑、过于谦卑,只要自然、真诚、自信、若无其事即可。

5. 追踪

一旦客户对你的产品表现出来兴趣,你就要在名片上做记号,并留下他们的中国手机号。一有空就给客户打电话,把他再拉回展位。客户与你见面的时间越长,谈得越深入,对你的信任就越多,双方也越容易建立交情。公司参展的时候每天晚上我们都喝点小酒,做个总结,把有意向的客户重点标记出来,第二天一早不忙的时候,给客户打电话,约客户到展位。

为了便于客户找回来你的展位,你可以刻一个摊位号的章,在名片和目录上盖上,提示客户再度来访。

及时法则:趁热才能打铁,时间过得越久,成功率越低。

老板，广交会不成交，真的不是销售人员的错

"唉，广交会真的是一届不如一届啊。你看这才收了几张名片啊？"

停，你不行，不代表别人也不行。不要总是抱怨展会效果大不如前，广交会现场总有一些摊位所有业务员都忙不过来，客户签单要排队。

客户走过你的摊位时，是否要进一步了解你的产品的决定是在几秒钟之内就做出来的。这几秒钟，他们的潜意识里其实已经思考了很多问题。诸如，有没有他想找的产品？有没有看到新品（新品竞争程度小，利润高，而且外形还好看）？看起来产品质量如何？这个供应商看起来实力如何？

不抓住这形成第一印象的前几秒，业务员再训练有

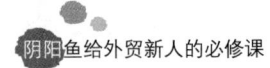

素，再做角色扮演，再热情地去拉客户，都是毫无用处的。会上几分钟，会下半年功啊。

不信，你看看下面的场景吧。

广交会摊位外走道上，业务员满脸堆笑，勇敢地迎向每一位客户。

——先生，请进来看看吧。

——……（礼貌地点点头，默默走过）

（心里话：进来看看？我干吗进你摊位？你不知道我很忙啊？你的产品跟其他家的产品一模一样，我早都看过了）

——先生，我们的产品质量很好。

——Wish you have a very good show.（微笑）

（心里话：你的产品质量很好？笑话，你当我看不见吗？就你这地摊货，挤在一起，多看一眼对我都是伤害，瞄一眼就知道你产品质量差极了。你也敢说质量好？当我是小学生啦）

——先生，我们有很多新品，进来看看吧。

——Thanks。（好奇地再瞄一眼）

（心里话：你也有新产品？骗我呢？我对新产品敏感着呢。你看我漫不经心地走，其实我刚刚早就看过了。看你们摊位的地摊气质，就知道你没有新品，即使有，也跟你摊位一样质量一般。我是个绅士，不能当面戳穿你）

——先生，我们产品价格很便宜的。

——Very good. How good?（随意问问）

（心里话：你价格很优惠？我谈了几家价格都很优惠，便宜到我都不敢买。不过，给你个机会，随便问一款产品你卖多少钱？如果真的便宜很多，我再考察一下质量和工厂，看看能否捡个便宜）

——先生，对不起，我们展会期间不报价，能否展会结束给你报？

——Sure. Please E-mail me then.（掩饰不快，故作理解）

（心里话：你展会期间不报价？有没有搞错？我看出来了，你们一定是产品价格高，不好意思报了。我这么聪明，你能瞒得过我？呵呵，这张名片没有用，等会儿就扔

阴阳鱼给外贸新人的必修课

垃圾桶）

——先生，这是我们的目录，您带一个吧。

——Thanks. It is too heavy. I take your card. （抱歉状）

（心里话：拿个目录？你以为我傻啊，带着没用的东西，那么沉。前面拿了一本别家的，你家哪款产品跟他不一样？你这图片这么丑，我回去能放网站上吗？算了，给他/她个台阶下吧，赶紧脱身）

如果你经历过以上这种场景，对不起，你被客户忽略了。

广交会产品卖得不好，不是销售人员的错。你的产品不好，就没人理你。没人理你，销售再勇敢也没用。广交会想卖卖卖，老板，你要"牛"起来。

让产品"牛"起来

1. *新品 & 差异化*

每次展会，要推出几个高颜值的新产品。

我们中国的传统文化是求同，从"枪打出头鸟"这句俗语就能看出来。但是，做产品，不当出头鸟，你就没有出头之日。在信息大爆炸，产品供大于求，人们的注意力碎片化的情境下，有特色，才会赢得关注。

新鲜法则：新鲜的东西会赢得人们本能的关注，产品越丰富，竞争越激烈，创新就越重要，不创新就会"死"。

2. 高颜值

现在的外贸行业，产品的艺术化大行其道。为何？走眼才能走心啊。爱美之心人皆有之，看见漂亮的人和物，自然会多留意一些。

我们多少业务员在中小企业里做出口？多少中小企业的产品开发是老板自己动手做的，逛逛展会，看看同行的产品，然后，拍个照片，照猫画虎。

我想说，老板，你不要再自己动手搞设计了，你把设计搞坏了。找个设计师，把你从意大利、美国、德国、英国、法国拍来的照片，做个二次开发。保留风格，修改外

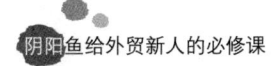

观、尺寸、功能、材质。让采购商可以以低廉的价格买到同样美观、质优的产品,谁能不心动。

美的法则:美人和美的产品都容易引起关注。

3. 满足需求

中小外贸企业是货销全球。目标客户遍布北美、南美、中东、东南亚、欧洲、非洲、澳大利亚等好几十个国家/地区,不同地方的人喜好不同。比如,某个产品美国人喜欢大的,欧洲人喜欢小的,非洲人觉得大的小的都无所谓,便宜就好。这种情况下产品研发怎么做?就是BAT(Baidu,Alibaba,Tecent)那些很牛的产品经理也没办法了吧。

可我们中小企业的老板还没有认清这个现实,只是逼着业务员在展位放现有的产品,管它是否质量差,是否满足客户需求,就让业务员卖卖卖。卖得好,他给你提成,卖不好,他炒你鱿鱼。

我想说,"老板,你能不能搞个产品研发团队,兼职也行。一个设计师,一个工程师就可以了。再这样咱们业务员都要累死了"。

了解客户要求,进而有针对性地研发很简单,展会上让业务员多问问不同国家/地区的客户对产品的意见,他们想要的产品是什么样的。把这些都反馈给研发人员,做出相应的产品,下次带到展会上,客户看见自己想要的东西,还能不买吗?

还有人说,广交会摊位不够大,摆的东西不够多怎么办?也很简单,让业务员统计一下,哪个市场的客户最多,展品优先向这些市场倾斜。别老盯着美国、欧洲市场,现在广交会市场是新贵当家,中东市场崛起得很快。他们要便宜货,你就做个不错的设计,调整材料,降低成本,那这些市场中有的是订单等你拿。

装修布置"牛"起来

老板,天桥地摊上卖苹果手机,请问你敢买吗?当然不敢。那你为何把那么好的产品放在随便摆摆的展位上?

这样采购商会觉得你的东西好吗？

展位费那么多钱都花了，就别省装修的小钱了。实在没钱？你就采用下面的方法吧。

1. 制造同周边的反差和不同

产品再好，也得客户注意到你才行。所以，别人的展位都用白色，木头材质，你就用别的。让你的摊位如万绿丛中一点红，这样客户自然就注意到你了。

如果周边都是白白的标准摊位，你就在摊位上多加几个灯，做个灯箱，贴几张彩色贴纸，加点色块，就足以吸引客户了。

求异法则：相同的东西会被有选择性地忽略，你一定要求异，而不要趋同，雷同就意味着沉没，你要彰显同对手的不同之处。

2. 少放点产品，把最漂亮的新款放出来

很多同别人雷同的产品＋少数的新品，和只放新品，效果哪个好？我想说只放少数新品好。因为雷同的产品会让客户在潜意识中选择性忽略。客户看到这些雷同的产品，还没来得及看到新品，潜意识中他已经做了判断，又一家雷同的摊位，于是，他不会再分更多的注意力给你。

多少法则：多即是少，少即是多，客户的注意力是有限的，产品太多，反而会被忽略。

那些别人都有的老款产品就别放了，放在目录上即可。客户要看样，可以到别的摊位去看，这不省了你好多摊位费？

只放好的，客户的印象中就觉得你家产品档次很高。如果把好的产品掺在大量的劣质产品中，还能显示出你们展位的档次吗？

3. 亮堂，干净，整齐

布置展位别舍不得花钱，租个灯不会花你多少钱。客户就像飞蛾，喜欢朝亮的地方走，你的展位比别家亮，客户的目光自然就会投过来。

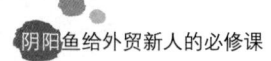

装修也不用特别破费,尤其是在广交会。把环境布置好,弄干净、整齐就可以。

明亮法则:人们喜欢往亮的地方走,把灯光调亮点,也会赢得客户的关注。

4. 体验式陈列

你有没有感觉,一个东西你在宜家看的时候很漂亮,可买回家,总觉得哪里不对,这就是整体感。产品一定要放在体验式的空间,整体环境均衡协调,才能突出它的美。

广交会的摊位都大,所以,你要适度考虑布置一下产品的体验场景。场景布置定调要高,这样才能让客户觉得这就是精品店,而不是街边小摊。

之前我有个客户为了和美国劳氏公司合作做生意,他到劳氏公司买了很多产品,在展位中把自己的产品跟这些产品搭在一起。别说,还真管用,劳氏公司的采购员看到了,眼睛都亮了。三个月后这家公司就给劳氏公司出样品了。

如果展位空间实在太小,不能做体验式的陈列,那就用平面招贴弥补，拍张体验式的照片，美工处理一下，张贴在摊位上。

注意，要让产品和环境和谐地融为一体，要用环境衬托你的产品，而不要喧宾夺主，让其他配件的光彩盖住了产品。

墙面上如果不想多花钱，就做个 KD 板（装订专用的板材）的招贴，找个平面设计师对招贴稍加设计，最后，业务员把招贴贴得平整点，就可以一板遮百丑了。

最后，把玫瑰花瓣撕开，撒落在产品周边，弄点碎石子、竹子等天然装饰物，都能达到提升档次的效果。你不要觉得大公司的展位才有档次，这档次是装出来的。小摊位也能装出档次来，弄盆花，也不占多少地方，可情调一下就上来了。

抬高身份法则：对展位和产品进行修饰，提升它的档次可以得到溢价，赢得客户的注意和尊敬。同样的材料、款式、成本，伪装高手将自己的品牌包装成大品牌，能卖出原本几百倍的价格，人们还趋之若鹜。因此，自抬身份是回报率最高的投资，不做就得"死"。

Three

How to Write Developing Letter

开发信写作

老鸟阴阳鱼告诉你开发信应该怎么写

写作开发信之前,大家需要思考清楚三个问题:(1)客户最关注的价值是什么?什么会立马引起客户的浓厚兴趣?(2)你能给客户提供的利益是什么?客户为何一定要跟你做生意?(3)你希望客户下一步怎么做?比如给你发个询盘,提供一下他的具体需求等。

开发信的种类

开发信的种类有很多,比如介绍性的开发信,展会邀请开发信,新品发布开发信,节日生日灾难问候开发信,库存处理开发信,新工艺介绍开发信,折扣促销开发

信……

平均一个客户要被你触动 8 次才能与你成交订单,所以好不容易找到的一个客户,不要写一封信他不回你就放弃掉了,而是要变着法子,换着花样定期联系。找到的客户资料,我都存在一个 Excel 文档里,什么时候发送了什么样的开发信,我都做一个标记,一般一个月左右联系一次老客户。这些老客户名单里总能出来一些询盘。还有,这些名单我会拿来同其他同行业务员交换,这样就节省了自己很多搜索目标客户的时间。

我们一般发得比较多的是介绍性的开发信。我就先从这个开始讲吧。

介绍性的开发信是向潜在客户介绍你公司或产品的开发信。一般业务员首次发送邮件会选择此种类型的开发信。

在客户收到你的邮件的 3 秒钟内会决定是否打开邮件。现在信息过量,而注意力稀缺,你的开发信会同很多繁杂的事务,以及其他业务员的开发信一起竞争客户的注意力。要得到客户的关注，你的信必须要出色、特别、专业，能与客户产生关联。

根据3秒原则，你的标题要在3秒钟内抓取客户的注意力。标题长度最好是10个字内，最长不超过20个字。在客户阅读正文的5秒内，你仍然需要紧紧抓住客户的注意力。现在是注意力碎片化的时代，人们的注意力保持时间越来越短。一般情况下开发信越长越难抓住客户的注意力，只会让他们失去兴趣。

如果你没有找到相应的联系人，只找到了一个公司邮箱，而且极有可能是前台人员的邮箱，那你的开发信需要通过前台人员或秘书转交给相应的负责人，这让你的开发信被过滤掉的概率增大。此种情况下，需要你的开发信：

（1）具有很大的商业价值；

（2）能给客户公司带来很好的可见利益；

（3）只有你的目标读者能负责此事；

（4）同客户公司紧密相连；

（5）可信；

(6) 专业。

开发信的结构

开发信的结构要符合 AIDA 原则：

Attention（客户想要继续读下去）；

Interest（与客户有何关系，有何利益）；

Desire（对客户有潜在的利益和好处，他要抓住这个机会）；

Action（客户要回复、询问、订购）。

写作开发信的时候你要尽量使用短句，这样更加有力，易读。

整封信客户阅读下来不要超过三十秒，最好不要超过二十秒，所以邮件的文字量最好在三百字内。一般而言，有三段就够了，如果你能保持语句简短的话，篇幅稍长也可以，但最好不要超过五段。

注意使用项目符号，让阅读更省力。

比较好的开发信结构是：

(1) 标题：10~20字内，抓住要领获得客户注意力；

(2) 友善：Dear Mr. …

(3) 可信的利益陈述：你必须建立你的可信度，解释客户为何要同你联系，你能给他带来什么好处，你的相关能力何在，你给他的提议是什么，在高度概述的同时，要保持力度，这需要较好的语言功底；

(4) 特别陈述：你公司有何特别之处，最好让客户觉得"只能"同你们合作；

(5) 特别的报价：这个往往能给客户一个强烈的回复动机；

(6) 提请行动：接下来希望客户如何行动，给一个提请行动的祈使句，或者一个问句，请客户回答；

(7) PS：有时PS非常管用，算是对开发信的一句话总结，并继续敦促客户采取行动。

第三条和第七条是开发信的核心所在。业务员一定要花时间想清楚，你能给对方带来什么好处，并简明扼要地讲出来。最后，你希望客户怎么做，也要明确地讲出来。

If you have any interest 这种常见的结尾是没有力度的。不如，Please send us your enquiry with your specific needs. 或者 What materials（models）are you selling now?

写开发信的一些注意事项

（1）简洁，少即是多，你的开发信的写作目的与其说是让客户订购，倒不如说是让客户回复，你与其一次向客户解释所有的东西，不如就让他向你提问，你再有针对性地回答，这才是胜利；

（2）Proposition（提议）要写得很独特和简单，太复杂会把客户搞晕；

（3）开发信的格式要整齐，用句要短，让客户读起来轻松容易；

（4）"以你为中心"，"benefits"，"positive"，"conversational"等原则要把握好；

（5）要可信；

（6）保持新意，如果你的产品确实同别人一样，就从

不一样的视角挖掘一点你对于客户的价值;

(7) 根据联系人的职位揣测对方的兴趣点。比如小企业主会关心是否能帮他赚钱;专门的采购经理则更关注省钱,这样才能凸显他的贡献。

开发信写作技巧

大家都用开发信开发客户吗?

不管是与否,我想说你对开发信的效果别抱太大希望,但坚持做,效果肯定不错。

你想想广交会你与那么多客户面谈,他们还不是个个都理你呢,凭什么你一封信,人家就一定会理你?但是,皇天不负苦心人,坚持发肯定是有效果的。我微博里说的年销售额5 000万元的Andy,90%的客户是开发信开发来的。

1. 每周发三个询盘,做好后续追踪

外贸业务中随意遇到个客户他就下单的时代已经过

去了。

2001年中国加入世界贸易组织,因为当时中国的原材料和人力成本正处于价值洼地,各国客户像洪水般涌了进来。好多工人自己不识几个字,但是会技术,出去开了个工厂就能拿到订单。

价值洼地现在基本被填平了,有的中国产品已经占领了全世界70%的市场份额,你还能指望产品需求量有多大的增长呢?还有中国的人力和原材料成本也越来越高,靠价格竞争获取订单越来越难了。

现在中国外贸从只要做就有钱赚的时代,进入了竞争的时代,只有你做得比别人好,才能胜出,才能生存。

中国的外贸企业基本都是中小企业,很难做大,为什么呢?因为外贸行业严重依赖人才,而且壁垒低,又没有国外咨询公司那种合伙人制度,不少业务员业绩做好点后,就会因为各种原因单飞,做SOHO或者自己开公司当老板。

简单来讲,外贸行业的竞争越来越激烈,它对于老板是挑战，对于业务员也是挑战。因为中小企业的老板，思考问题比较简单，我遇到过很多连小学都没有毕业就开外贸公司的老板，他们对于外贸发展的形势不够了解，对于新的外贸技巧、外贸宣传渠道也不清楚，不知道如何带领企业转型。

对业务员来讲，成单的难度要远大于几年前，狼多肉少，有进取心和注重学习的业务员才能生存下来。

我在河北有个朋友，他爸爸是小学文化，开了家外贸工厂，十多年前，工厂生意很红火，客户排队下单。那时完全不需要什么技巧，客户"求"着他接单。可现在呢？他们工厂好多工人学会了技术也出去开厂，同类的工厂、产品遍地开花。一个客户来了，多少人围着他转，客户自然会优中选优。

说这些，大家别灰心，虽然外贸整体形势不太好，但只要你愿意努力，愿意学习，机会还是有很多的。

对于开发客户来讲，发开发信只是第一步，后面询盘的处理、价格谈判、客户推辞的处理等会更难。

2. 深入调研客户，触动客户关切点

当客户看到你的信，会产生一种冲动，想继续对你进一步了解，他才会回复你。

那你的信怎么才能让他产生这个冲动呢？一定是跟他的利益相关。

写开发信之前最好先好好看看客户的网站，找出来一些刺激客户回复的点。

比如，你观察客户的产品线，发现他的产品线有不足之处，你的产品能弥补，那你就可以从这个角度去说。

如果客户是做电商渠道的，你去看他的用户评论，若你发现用户抱怨材质、质量，你就跟他说你能帮他解决这个问题。

这些不同的切入点，需要你认真去找。

开发信分很多种，大家现在写的基本都是公司介绍类的开发信。其实，除了公司介绍，你可以做新品介绍，也可以像上面说的，从客户业务的某一个方面切入，还可以

结合公司的展会，邀请客户去参观。比如你在欧洲参展，你就可以把周边的客户都邀请一遍，让他们去看展，现场洽谈，这可以大幅度提升展会的效果。

开发信的功夫不是语言本身，而是是否了解客户心理。**你知道客户要什么，这是最关键的。**

我一个朋友想做服装生意，最近问我怎么定位企业才能脱颖而出，我让他们几个合伙人先花2-3天时间想一件事情，就是客户最想要什么，而其他供应商又不能提供？

触动点包括客户被满足的和没有被满足的需求，你要尽量挖掘那些没有被满足的需求，这个就是你和竞争对手相区分的地方。不同行业，不同类型的客户需求肯定是不一样的。比如大批发商和小零售商对价格的敏感度肯定不一样；又比如CHOC LEE BOUTIQUE（香港—上海跨域时尚品牌）和DIY连锁店的需求是有天壤之别的。DIY连锁店是面向大众市场的，它利润薄，需要靠量大才能获取利润，所以它的设计、款式需要大众化，而BOUTIQUE定位高端市场，要避开同连锁店的竞争，只能走高端、定制、人性化服务的路线。

客户的情况千差万别，你不需要同每一个客户做生意，客户也不是越多越好，就如鞋子，合脚的才是好的。

3. 开发信模板的使用

有很多人问我，到底是每一个客户用一个模板好，还是用通用模板好？

这个看你自己的兴趣，以及实际情况，比如你要发个展会通函，当然用模板方便啦。但是，你要是邀请一个非常重要的大客户，还用一个通函，怎么可能让客户动心呢？

我之前曾经花过一天时间专门研究一个大客户的产品线，然后做了个PPT，对他们公司跟我们有关的产品线进行了细致的分析，从价位、材质、市场需求、用户等很多角度做了梳理。

但是，大客户决策慢，有的跟2年才能跟下来，可一旦拿到订单，利润就非常可观。小客户肯定不值得你花这么多精力，我建议采取折中的做法，**做一些分类的模板。**

关于使用通用模板还是专用模板，网上有各种不同的意见，各有利弊。使用通用模板，会比较快，效率高，但如果不能针对客户建立有效关联，效果不佳。针对每个客户做模板，所花费的时间又比较长。

我很贪心，二者的好处都想要。因为我本人是个效率主义者，总在想如何能用更快的方法。然而不是建立在效果基础上的效率，就是快速的无效。所以，我在想，是否有个超级模板，能自动插入我对客户调研的结果，然后生成非常具有针对性的开发信？如果有这样一个东西，不就解决了效率和效果的平衡问题了吗？

我深入思考了一下这个问题，觉得超级模板还是可行的。我自己现在就是采用高度定制化的模板。从前面的开发信案例可以看出，有效建立同客户的关联，其实也不是特别复杂的工作。

首先，我把客户分成价格敏感、质量敏感、设计敏感等类型。对不同类型的客户，我会展示公司的不同优势。

针对客户的兴趣点，你只要挑出客户非常敏感的触动关键词，找到客户的定位关键词，替换到模板里，一样可以出很好的效果。产品关键词，一般用你自己的产品名称就行了。比如 TUBS（The Ultimate Bathroom Store）是做 kitchen and bathroom fixtures（厨卫设备）的，而你是做 faucet（水龙头）的，你的产品本身就在他的产品范围内，你写水龙头他当然也感兴趣。

把这些触动词根据不同客户的实际情况换一下，一封新的邮件就出来了，你只要把抽取出来的触动词融入你的开发信当中，就基本能触碰到客户的兴趣点。即使你没有看客户的网站，别人给了你这些触动词，你把它加进你的开发信的合适位置，也一样有效果，同你花很长时间调研差别不大。对于大部分客户来说，基本足够了。

当然也有例外，当你的客户是非常大的连锁超市时，你甚至要花上一周的时间去调研。比如，你要调研他的网站上的产品类目有哪些，他的竞争对手有哪些，同类产品的销量和价格如何？用户对于现有产品的反馈如何？从这些地方，你可以寻找到切入的机会。举个例子，如果你发现客户的对手的产品价格比他的低,说明他的采购价格可能偏高,你将你们公司该产品常用的报价除以超市报价与成本倍数,这个倍数他们是公开给供应商的,你就会发现你的价格是否有机会了。此外,是否存在竞争对手销售很好,他却没有销售的产品?这或许也是你切入的机会。他的用户对现有产品的评论,是否有抱怨,产品是否存在大的缺陷,是你可以较好解决的,这对于你也是机会,但这样的客户毕竟是少数。

我总结,多数客户会从质量、价格、设计、服务等几个方面抽取两个作为自己公司的定位。

我根据不同客户定制不同类型的模板。比如客户关注点是质量和价格,我针对这个类型的客户定制一个开发信模板,专门突出我们产品的质量优势和成本控制、规模优势。如果客户关注设计和质量,我则专门定制一个模板,突出我们产品的设计和质量优势。总之,客户想听什么,我就说什么。

然后,我找人做了一个客户分析工具,只要输入客户的网址，它就能直接把客户网站上的信息分析出来。例如客户的类型是批发商、零售商，还是生产商，这个客户是关注质量、价格、设计还是服务。

再然后，系统会自动帮我匹配我的优势和客户的定位，比如这个客户是注重质量和设计的，系统就自动选择我事先存好的针对质量和设计类客户的模板，要是客户关注价格和质量，系统就自动选价格和质量。

4. 提炼自己公司的优势

有的业务员很奇怪，总是在问我开发信怎么写？我问他公司有何优势？客户为何要跟他合作？他就说他也不知道。

你自己都不知道客户为何要跟你合作，你怎么能说服客户跟你合作呢？所以**提炼公司优势是非常关键的**。

需要注意的是，你对不同的客户要展现你的不同优势，比如这个客户很关注品质，你跑去跟他说你们有绝对具有竞争性的价格，客户马上就会意了，认为你们是一个生产廉价货的工厂,他还会跟你继续谈吗?

所以,要花时间认真总结公司的优势,然后见到注重品质的客户,要说你们产品质量好;见到价格敏感的客户要说你们的产品价格低,这样才能抓住客户。

5. 关注开发信的效果

我发现很多新手只停留在这个事做了,到底效果好不好不管的阶段。这样肯定不行,做事情一定要看效果。

检验开发信的标准只有一个,就是效果。比如到底用什么标题好,你就试试不同的标题,然后看看不同标题的打开率,打开率高的标题,就多用。

如果我发现某个特定的模板回复率比较高,我一段时间内可能就选这个模板发开发信。

还有,大家不要对开发信抱过高的期望,你想,展会上见了面的客户,都有好多不下单,怎么可能你发一封开发信客户马上就下单给你,即使有这样的客户也是碰巧遇到。

平均一个客户需要触动 8 次,才有可能下订单。你发了一封开发信客户不回,你别放弃,要坚持发,只要客户不是不看就把你的邮件删除了,你就有机会。

从我自己的采购经历,以及我问过的一些客户的经历来看,介绍对口产品的开发信,客户是会看的。

多数时候你的开发信客户不是没看,而是没看出有什么比他现有的供应商更好的条件。

有时候客户没打开你的开发信是因为忙,就我自己来说,一般我不忙的时候,有供应商发开发信,我都会看,并保存到一个文件夹中,如果开发信特别触动我,我会回复邮件问个价格。

但是忙的时候,如果我已经有不错的供应商提供的产品,你再发开发信,我就随手关掉,等有需要的时候再看,可事实上我基本没看过。

所以对于没有打开我开发信的客户,我会改个标题,过段时间再发一次。这个是可以设置为系统自动发的。

此外在我参展之前,我会给所有的客户发一封邀请函,请他们去看展。

客户为何不回复你的开发信

如何解决开发信回复率低的问题

外贸人普遍感到开发信的回复率越来越低,这究竟是怎么回事呢?导致这个问题的原因很多,其主要原因跟中国整体的外贸形势有关。比如市场不景气,僧多粥少,中国的外贸已经从外延性的野蛮生长阶段,逐步走向成熟的竞争性销售阶段。以前很多外国采购商在中国还没有供应商,他们收到了一封开发信,觉得信中介绍的产品和自己的产品比较匹配,就有兴趣了解,而现在这些采购商在中国可能已经有了好几家同类的供应商,他还有兴趣了解别人吗?

此外,还有一些其他的因素导致开发信回复率低。

（1）客户的匹配度不够，比如业务员在发邮件之前，没有进行充分的调研，所找的客户与自己的产品不匹配，那发多少开发信也白发。

（2）邮件是否到达客户邮箱。有时业务员发完邮件没收到回复就怀疑客户不满意产品质量，觉得价格太高，等等，其实客户可能没收到你的邮件。

（3）开发信本身没打动客户。

在这种情况下，如何能有效地开发客户呢？有人说最好打电话，也有人说最好不要用模板，每个客户都写一封有针对性的开发信。这些意见我都非常赞同，但是，它们对外贸业务员来讲，挑战很大。外贸业务员当中，有的人口语不好，有的连开发信模板都写不好，更别说给每个客户写一封非常具有针对性的开发信了，挑战太大。如果让业务员重新学习，提升英文水平，这个过程又太长。可能没有等到他们把英语学好，就已经因为没有业绩被公司辞退了。

那么针对大多数的外贸新手，有没有什么办法，给他们提供一些简单的招数,帮他们渡过难关呢?

我在之前的文章里面提醒大家,开发信要解决三个关键问题。

(1) 客户为何要跟你合作——你能给他带来什么好处?

(2) 客户为何要相信你——你的论据是什么?

(3) 接下来想让客户怎么做——他为什么要马上回复你?

如果这三个问题处理好了,开发信就能够吸引客户的注意,并有更高的概率获得回复。

可在实际执行中,很多销售员说,他们公司是小公司,也没有什么大客户,产品质量也一般,真不知道客户为何要跟他们公司合作。道理他全都明白,可真的具体动手,又不知如何下手。其实这个问题就像面试时被人问到你觉得你的优点是什么一样,有的人非常清楚,也有的人可能从来没有考虑过这个问题。其实人都有优缺点,企业也一样,大企业有大企业的好,小企业也有小企业的美。

关键在于你如何去发掘。

（1）经验。这方面即便你们公司开张只有一年，但你们的工人或者合作工厂的工人仍然可能是有很多年外贸生产经验的。你的老板在这个行业有多长时间的经验，你自己或者经理，合作工厂的老板或者经理的经验都可以说。

（2）品质。关于品质，不要只说你们产品质量好，而是要说细节，例如你们通过了ISO9001，CE，或者其他产品认证。即便没有这些认证，你也可以说你们是采用TQM（Total Quality Management 全面质量管理），或者说你们的产品是全检，所有产品都通过严格的检测，也可以说你们产品有品质保证，你们只用最优质的材料，或者进口材料，你们的生产设备采用德国进口的……你们的生产工艺是世界领先的，你们的技术总监是某大公司出来的，你们的厂房是无尘的，等等。

（3）款式。你要告诉客户，选择你们公司他可以拥有众多的产品选择。你们公司产品门类、品种齐全，样式新颖，独一无二，甚至，你们可以给客户定做款式，这些都可以写。

（4）研发。例如你们拥有自己的 R&D（Research & Development，研究与开发）部门，可以做 OEM（Original Equipment Manufacture，定牌生产）、ODM（Origind Design Manufacture，委托设计与制造），你们同哪些大学，哪些实验室合作，有多少个人的 R&D 队伍，领导者是谁，他的资历，获得的奖项，取得的成果，每年推出多少款产品……

（5）服务。如果你们是小公司你可以说同你们做生意很容易，你们接受的 MOQ（Minimum Order Quantity，最小订单量）很小，你们对于客户的需求响应也非常迅速……

（6）规模。如果你工作于规模大的公司就说你们有规模经济效益，能满足大客户的批量订单需求；反之，如果你工作于规模小的公司，你可以说你们专注于某个细分领域，做该领域的最好的生产商……

（7）价格。不要说你们有最低的价格，因为人人都这么说,而是应该说你们的价格能够让客户在市场上击败竞争对手。如果你的产品价格不便宜的话,可以说价格公道,也可以说你们的产品性价比最高,价值最大,等等。不要给客户一种你就卖便宜货的感觉,而是让客户觉得你卖的是好东西,同时,价格便宜,这样才会让他觉得捡了个便宜。

(8)客户。如果你们有值得炫耀的大客户,可以列一列,如果没有的话,只要你做过出口,总有几个已出口的国家/地区,列一列这些国家/地区总可以吧。记得我毕业的时候,有个同学的简历上赫然写着麦肯锡候选人,后来,我了解一下才知道原来他只是去麦肯锡面试了而已,可这样一写,他的简历马上就增色了很多。

总之,你的开发信只说你们是某某公司,做某某产品,让客户发询盘订单给你,然后客户就跟你联系的时代已经成为历史了。我有个河北的朋友,他爸爸是小学文化,20世纪90年代初的时候,他的工厂客户排着队下单,一个柜20万元的利润。那时候是卖方市场,客户求着供应商。现在市场早已不是卖方市场了，我们要面对的是竞争性的外贸市场。在你给某个客户发开发信的时候，客户可能已经有三个成交过的，无数个保持联系的供应商，更有无数个新的供应商也在发开发信给他。你如果不能够在开发信里打动客户，不能让客户看到你的优势，不能给客户一个比较好的理由给你回复，你还有机会吗？

下面，我大致把开发信划分成四个层级，大家对号入座，寻找突破的方向吧。

第一层　白开水型

这类开发信我曾经做过比喻，就如同追美女，你对人家说"Hi，我是个男人，嫁给我吧。"完全缺少力度，缺少触动客户的点，既没有将客户纳入进来，不能让人产生亲切的关联感，也未能说清楚自己的优势，没有新意，没有特色。这类开发信目前占比还挺高。

第二层　突出优势型

这类开发信比第一层有很大的进步，费了不少笔墨，讲解自己的优势，罗列自己的质量体系、产品认证、经验、研发能力、设备、规模、当前服务的大客户等，尽力呈现凭据，突出自己的优势，以便给客户留下深刻的印象。但因为没有将客户纳入，所以客户觉得同自己的关联感不强。此外，不同类型的客户，喜好可能不同，要知道，这个客户喜欢的优势，对于另外一个客户来说，很可能就是他讨厌的，对他不利的因素。所以，这种千人一面的开发信仍不足以说服大多数客户。

第三层　纳入客户型

这类开发信在第二层的基础上更进一步，不仅花费笔墨突出自己的优势和特色，给客户留下深刻的印象，更能粗略地抓住客户的特色和类型，把自己公司的优势跟客户的特色和业务结合来写。想写出这类开发信，往往需要对客户的网站做一个简单的调研，在"about us"页面找到客户的特色和业务类型，然后根据这个来判定客户可能喜欢供应商什么样的优势，并据此来写。这类开发信往往因为能够抓住客户的特色，而引起客户的注意和重视。

第四层　选准切入点型

这类开发信往往需要对客户做非常深入的调研，了解客户的业务现状和需求，知道他们现在遇到的困难和机会在何处，从哪个点切入最能打动客户。这种开发信切入的点很巧妙，信件非常独到，有新意，它因为能想客户之所想，所以客户往往无法拒绝。

但是，现实中因为信息匮乏，不是每个客户你都能做如此深入的调研，也不是每个客户都值得你做如此深入的调研，而且，这类开发信需要你对行业、客户的业务、心理都有很好的把握，以及丰富的经验，不是工作年限少的新手可以写出来的。

就我个人来讲，如果获取的客户名单质量非常一般，我就发第二层的开发信。如果客户还不错，我就做个简单调研，发第三层的开发信。如果客户质量非常高，同我们非常匹配，我就深入调研，写第四类的开发信。就时间投入和得到询盘的产出比来讲，第二类的开发信和第三类的开发信性价比比较高。

在实操中，选择开发信类型不仅要考虑成功率，还要考虑你投入的时间。因为现在的ISP（Internet Service Provider，互联网服务提供商）对于垃圾邮件限制非常严，一个模板发了30～50封邮件邮箱就会被锁住，此时，你需要果断切换一个模板。

哪些因素决定你的开发信回复率？

我在网上看到很多业务员抱怨发了开发信给客户结果杳无音信，很让人同情。要想搞清楚为什么出现这个问题，需要先理清楚到底哪些因素导致客户不回复？

（1）邮件到达客户邮箱与否。正如前文所讲，客户不回你的开发信是因为他根本没收到。你不要觉得你的信都进了客户的收件箱。其实，有很多信被你自己的ISP当垃圾过滤掉了，有部分被客户那边的ISP直接挡掉了，还有些被识别为垃圾邮件投送到对方邮箱的垃圾箱里了，更有一些退回你自己的邮箱了，比如收件邮箱地址不正确，收件人邮箱已满，ISP故障等都会导致邮件退回。

因为大家很多情况下都用模板发开发信,很多ISP每日只允许一个邮箱发送50封模板邮件,有的甚至更少,所以开发信很容易就被识别为垃圾邮件屏蔽了。即便是正常跟客户沟通的邮件有时客户都收不到,更何况开发信。很多外企的经理人都有一个非常好的习惯,就是一旦发送重要的邮件给对方,对方半天没有回复,他马上就追一个电话,问邮件收到了没有。

决定邮件到达与否的因素很多,对于外贸小白来说,想解决这个问题有些麻烦。大家暂时记住,首先,你要有一个可靠的邮箱清单,其次,尽量用企业邮箱,固定的IP来发送邮件,这会大幅度提高邮件到达率。还有,不要用Spider邮箱搜索器。

(2)邮件被打开与否。邮件是否被打开主要取决于:①你的标题是否足够有吸引力,能抓住收件人的兴趣。②收件人是否真的对你的产品有需求。所以,要提高邮件打开率,首先在找客户的时候,要找对你产品最可能有需求

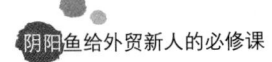

的客户。虽然能把梳子卖给和尚听起来很厉害,可如果你卖给长发女人不是更省力吗?做外贸一定要找准客户群,找对池塘钓大鱼。

关于开发信标题,如何才能写得有吸引力,三两句话是说不清楚的。简单来讲,就是你要能搔到客户的痒处。不同类型的客户的痒处是不同的。如何找他的痒处,就需要你下功夫了。仔细到他的网站上去看,阅读行业的杂志,了解不同类型的客户的业务是如何运作的,他们成功的关键因素有哪些。对于客户来说供应商的挑选标准自然是为了他的业务成功服务的。你能帮客户成功,自然就会打动他了。

(3)阅读与否。邮件标题吸引客户点进来,如果正文写得不是很好,客户还是不会继续往下读,尤其不能做"标题党",标题要同正文呼应。现在客户的时间最值钱,所以,要先把你能给客户带来的好处放在前面讲。接下来,给出稍微细节一点的论据。邮件不在长短,而在于精练,要能处处抓住客户。看看网上的一些"史上最成功的开发信",有很多都是很长的,但没有废话,用词很简练,从对方的角度出发,阐述自己能为客户带来的益处。处处能触动客户,自然就有力度了。

(4) 客户回复与否。客户阅读了邮件不一定就会回复,所以,你要给客户一个好的回复的理由。因此,邮件结尾的部分非常重要,一般要用一个祈使句,敦促客户采取行动,或者用一个问句,问客户一个问题。这个结尾的技巧,大家要仔细揣摩,把自己放在客户的位置,换位思考当自己读到什么样的句子的时候会更有可能觉得有必要回复。有的人的开发信从头到尾都是单向的叙述,没有互动,只把客户当作一个听众,而听众是不觉得自己有必要发言的。所以,你要尽可能让客户参与进来。使用什么样的句子容易产生互动呢?多用一些问句,主语多用"你"而不是我。很多时候这涉及英文沟通技巧,但很可惜大家学习的外贸英语教材都只教你一个句子如何用英文表达,而沟通技巧没有介绍。商务沟通在西方国家,是作为一门课来修的。

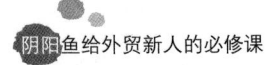
阴阳鱼给外贸新人的必修课

客户为何不回你的开发信？

（1）邮件根本没有进到客户邮箱。

①你一天发很多相同的邮件，你自己的发件服务商就会屏蔽这些邮件，比如163邮箱每天就只允许发送50封邮件。

②你的邮件通过了发件服务商，但收件服务商侦测到发件服务商的IP信用不好，或者侦测到某个IP的发送流量很大，有异常情况，于是，把邮件给屏蔽了。有的业务员使用Spider邮箱搜索器到网上自动搜索邮箱，殊不知，现在国外的收件服务商为了对付Spider类的软件，在网上故意放了很多蜜罐邮箱地址，这些邮箱是废弃不用的，或者是创建出来专门用作诱饵的，当客户的收件服务器收到一个IP地址发送的蜜罐邮件，就自动屏蔽来自这个IP的所有邮件。

③你被海外的客户举报了，邮箱在黑名单中。现在国外的很多收件服务商都在云端共享黑名单，当你被客户举

报后，就会出现在黑名单中，很多客户的收件服务商就都把你的邮件当成垃圾邮件自动过滤掉了。

④你的邮件到达了收件服务商处，但因为邮件中有图片附件，或者其他原因，直接被归类到目标客户的垃圾邮件里了。

⑤你的邮件被退回了，而你不知道。

a. 该客户邮件地址不存在，或者不准确；

b. 该客户邮件服务器临时有问题。

（2）客户看到你的邮件标题，不感兴趣，随手就删除了，或者移动到垃圾邮箱里了，今后你的邮件就会直接进到垃圾箱。

（3）客户看到你的邮件标题感兴趣，打开阅读了，但对于邮件内容不感兴趣，随手删除了。

①客户根本不是从事你产品的相关行业的，你获得的邮箱可能是由软件搜索出来的。多线程的搜索器，搜集到的大量的邮箱都是不准确的，很多客户并不是你这个行业的。此时，客户很容易举报你，让你上黑名单。

②客户虽然是从事你产品的相关行业的,但你的邮件缺少说服力,并未能打动客户。

a. 你没有认真做功课,调研客户的需求,抓不住客户的注意力。

b. 开发信写得过于像推销,或者太过啰唆,给客户你在吹嘘或者美化自己的感觉。

c. 太以"自我为中心",缺少"以客户为中心"。"我们是该行业最大的公司,产品质量最好,价格最便宜。"这些固然是优势,可客户觉得每个业务员都会这么说,同他有什么关系呢?你不如说:"我们能帮你节省15%的采购成本","我们采用TQM全员质量管理,通过了ISO9000认证,产品通过了CE认证,能减少您的后顾之忧"等。

d. 邮件写得太笼统,泛泛而谈,缺少说服力。当你对于客户的需求不清楚,而且对于自己的优势也不够清楚时,邮件就会停留在你是做什么的,你能够给客户最好的价格,最好质量的产品这个水平,并不能把自己公司同竞争对手区分开来。比如,如果我们公司是行业内最大的公司,而且目前开发的这个客户规模很大,每个月要交10个货柜的货物。我就会说"We are the only factory in China that is able to produce 20 containers monthly, so you can totally rely on us for safe in-time delivery."

e. 邮件写得太机械,套话太多,冷冰冰的,把客户当成机器,没有人情味。

f. 邮件结尾不太好,并没有让客户参与进来。你的邮件只是说你是中国该领域最大的公司,产品质量是最好的,价格是最便宜的就结束了,他没有必要回复你啊。

怎么做才能提高开发信的回复率?

(1)确保你的邮件到达客户的邮箱里。

(2)重视标题的写作,避免套话,看看新闻的标题都是怎么写的。标题既要抓住客户的注意力,又要概述出整篇文章的主题。切忌为了抓住眼球,写一些很花哨的同邮件内容根本不符的标题,那样即使客户打开邮件了,也会对你产生负面的印象，一下子就对你失去信任，导致邮件的命运是被删除。

（3）认真调研客户的需求，深入了解行业的动态，清楚自己公司相对于竞争对手的优势和劣势。

写开发信的时候，紧紧抓住客户的需求，用简练的语言概述出自己的优势，如何满足客户的需求等，并有适度的论据。

（4）一个有力的结尾。结尾的时候，可以问客户一个最简单的问题，或者敦促客户采取一个行动，比如让客户回复这封邮件，或者做个铺垫，说你回头给他打电话，等等。一般不会发一封邮件就成功开发一个客户，第一封邮件的目标是给客户留一个好印象，最好能够让他回复你。他即使没有回复，至少也不要对你产生反感。

（5）最好使用邮件追踪系统。这样你能清楚知道哪些客户打开了你的邮件，甚至能追踪到哪些客户转发或者分享了你的邮件给朋友。有了这个反馈系统，你就可以对你的标题和内容进行测试，不断提高邮件写作水平了。

如何让客户对你的开发信动心

我之前收到了一封请我帮忙修改的开发信,大致内容如下。

> Dear Sirs,
>
> How are you?
>
> We supply Security Fences and Perforated & Expanded Metal For Protection for over 20 years with high quality & reasonable prices.
>
> Do you have purchase plan recently?
>
> Looking forward to hearing from you.
>
> Thanks & Best Regards.

这种开发信，你说它有问题吧，它没什么大问题，你说它没有问题吧，它也有一些小毛病。很多外贸高手们都说开发信要简短。只是，如果客户不是正在找这样一个供应商，他收到这封邮件会觉得可有可无，或者只会有一点点动心。

有的人说，开发信就是要通知客户，让他知道你的产品就好了，不用花很多工夫去写。要跟你合作的，始终跟你合作，否则你写得天花乱坠也没用。

我本人赞同开发信需要言简意赅这个观点，但我觉得还是要花点工夫好好润色一下开发信。

在你发送开发信之后，客户可能有几种状态：

（1）仍然不知道你的公司和你的产品；

（2）知道了也漠不关心；

（3）知道了有点动心；

（4）知道了很动心。

你写开发信，能收到什么效果，就取决于看了你的信后，客户在哪个状态。

当然我们都希望客户看了开发信很动心。可是，如何写才能让客户动心呢？客户为何要同你合作呢？客户关心什么问题呢？你的优势在什么地方呢？这些，需要花点时间去考虑一下。你这些问题回答得越充分，越强有力，你的开发信就越能让客户动心。

如果你自己都不愿意花时间认真考虑一下以上的问题，我作为一个局外人，如何能帮你写出一封好的开发信呢？开发信根本就不仅仅是语言的问题，而是你如何理解客户，如何能搔到客户的痒处让客户心动的问题。

关于开发信的长短

有的人很教条，总是说，高手们说了，开发信要简短。所以，不该说的不说，该说的也不说，邮件篇幅短是短了，可一点力度都没有，不能触动客户。开发信的长短不能片面理解为字面的长短，而是要从客户的角度来理解。举个例子，你跟情人在一起的时间，总会觉得好短。可如果让你去面试，去学习，你会觉得度日如年，时间好

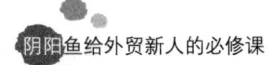
阴阳鱼给外贸新人的必修课

长啊。所以,即便是时间这样绝对的东西,长短的感受都是相对的,更何况是开发信呢。

在美国的营销史上,有一个非常著名的DM(Direct Marketing,直接营销)案例。一家知名的报纸写给读者一份征订通知,总计十几页,收到了极好的营销效果。在这十几页的营销文案中,他们始终能处处抓住读者的注意力,因而,没有给读者烦琐、无聊的感觉,反而让读者越读越有兴趣,越有购买的冲动。

所以,长不是啰唆,短也不是粗糙,核心是要能抓住客户的注意力,保持客户的阅读兴趣,触动客户发现自己以前没有发现的问题,让客户觉得有利可图,坚定客户的信心,促使客户采取行动。很多人的开发信太简单,完全无法将自己公司和产品的亮点展现出来。

以客户为中心

我常说,我们业务员的战场是客户的感觉。客户觉得你的价格低,即使你的价格比别人高很多,也没问题;客户觉得你的开发信简短，你写得再长也没问题。

客户因为喜欢你才会跟你做生意，所以，我们业务员要想做好业务，就必须树立"以客户为中心"的思想，处处关注客户的感觉。客户觉得你好，你就是好，否则，再好也没用。

我想强调一下关于开发信，最重要的不是通知客户你做什么，而是触动客户，让他知道他为何要同你合作。每个客户的情况不一样，所以触动点不一样，能够触动这个客户的，未必能触动另外一个客户，所以你要仔细挖掘触动点，没有万能药。

我们常听到一句话，要以结果为导向。那么我们写开发信希望得到的结果是什么呢？就是客户打开我们的开发信阅读，并给我们回复，发个询盘给我们，最好是发个订单。

这里面有几个关键点，打开我们的开发信，保持阅读兴趣，给我们回复或者发询盘。要达到这几个目的，如下几点必须做到。

被打动的客户才会回复

很多业务员抱怨自己发了很多开发信,可客户的回复却寥寥无几。孔子曰:"求之不得反求诸己。"当客户不回复你的开发信时,你要思考一下自己的开发信写得如何,是否能够打动客户?如果你的开发信和别人的相差无几,只是简单介绍说自己公司规模大,产品质量好,价格低,客户为什么要在百忙之中独独回复你的邮件?

在注意力碎片化的时代,外贸业务员最不缺少的是信息,最稀缺的是客户的注意力。我常跟销售员说,我们的竞争对手,除了工厂之外,还有很多让客户分心的事情,我们要做的是努力争夺客户的注意力份额。被打动了的客户才会回复你,所以开发信要千方百计抓住客户的兴趣。

(1)从标题开始就要处处抓住客户的兴趣和注意力。中国有几句俗语"肉要放在碗口""商人无利不起早"。你能给客户带来什么好处,需要在标题中点明。否则,客户看到将其判定为又一封垃圾邮件,好点的情况下客户把你的邮件随手删除，不好的情况下客户把你的邮箱报告成垃圾邮箱，让你进入反垃圾邮件组织的黑名单了，让你发给其他客户的邮件也被直接归类到垃圾邮件。

（2）做足功课，调研客户的兴趣点。

（3）善用PS：在邮件结尾的地方再概述几句敦促客户行动的语句或者问题会起到非常好的效果。

直接说明产品卖点

很多让我修改的开发信都同下面这封类似。

"We are a gloves factory and have been engaged in manufacturing gloves for many years with good quality and price and service, so we have a lot of advantages and specialized in producing all kinds of gloves styles for ladies, men and kids."

这段话完全从业务员自身的角度出发，介绍自己的公司和产品，客户会觉得这同他有什么关系呢？完全没有让客户建立同自己的联系，只是单向地陈述，而不是建立一个有效的对话。benefits 同 features 的本质区别在于，fea-

tures 是你的产品能提供什么功能和优点，Benefits 是从客户的角度来看，你能给客户带来什么好处。

不要总说你的产品有什么功能，而要说它能给客户带来什么好处。只有当客户觉得你能给他带来好处的时候，你才能建立产品同他的关联，他才会有动力打开邮件，并保持耐心认真阅读。这个好处要从标题开始就最简练地表达出来，到了正文更要开门见山，继续强化，并给出稍具体点的细节和证据。

根据以上的方法我们可以对上面的邮件做如下修改：

You can select from an abundant variety of good quality stylish gloves from a reliable factory at very reasonable prices.

把你能给客户带来的利益直接点出来，顺带写出自己的优势，reliable、reasonable prices 比直接用第一人称写要含蓄点，也客观点，避免给人自吹自擂的感觉。

积极的心理暗示

销售的一个重要任务就是让客户保持愉快的心情。即便是最坏的消息也要用最积极的语言来说，给客户以希望。试想当一个客户心情愉快的时候，还是心情沮丧的时候更好沟通？

当你面对一个愁眉苦脸的人时，你可能想躲得远远的。没人喜欢跟这种负能量的人打交道，因为，它会让自己本来阳光明媚的心情，瞬间就乌云密布了。而文如其人，你的邮件会把你的心情传递给客户。

我们很多业务员喜欢用中国人谦逊的风格来写邮件：

"Sorry to trouble you again！

Sorry to reply you late.

We will delay the delivery until Jan. 10th."

这3句话听起来为何不舒服呢？

因为用了"trouble""late""delay"等消极、负面的词汇，让人不舒服。"Sorry to trouble you again"，是典型的中国说法。中国人一听就知道你是谦虚客套。"给您添麻烦了"在中国人的意识里，是积极意向的话，因为他们知道并不是真的有麻烦。可对老外来说"trouble"是一个负能量的词，一听就觉得你有麻烦事要找他，会勾起他不好的感觉。

因此，在写邮件时尽量不要使用消极负面的词，易引起客户的不快。

我们可以改为：

"Further to my last email..." 你又来联系他了。

"Sorry for not being able to reply you earlier." 这个其实表达了你不是故意要晚回复，而是没办法的意思。你不是忽略他，是有原因的……

"You may be happy to know that goods will be ready on Jan. 10th."

或者"We will get the goods ready on Jan. 10th."这句话含有你做了主观努力的潜在意思。

如果货期有延误，你不便用上面一句，最好用下面一句。或者直接说"The goods will be ready on Jan. 10th."。

"We will delay the delivery until Jan. 10th." 给人的感觉是你们的主观意愿要延迟交货，而且 delay 这个词让人

一听就不开心。

总结一下,要让客户保持愉快的心情,就是消极的话也要积极来说。

不要有让客户产生负面情绪的语言

检查你的邮件,去除潜在的有敌意的词语。你的邮件要让客户愉快,还要避免让客户感觉被抱怨、指责、怀疑,最好让客户觉得自己被信任、被尊敬。

例1:

"We cannot start production until we receive your payment."这个可能是业务员催款的时候常用的一个句子。它给客户的感觉非常不舒服。

我还看到有的业务员这么写邮件"Why do not you arrange the payment?"我如果是客户,看到这样的充满敌意的指责邮件会很生气的。

建议修改为:

"We will start production immediately once we receive

your payment."表达的是同样的意思,但给客户的感觉好多了。

例2:

"You did not tell me before..."

这句话含有抱怨指责的意思,"你之前并没有告诉我……",客户听着会不舒服。

同样的句子,我们可以修改为:

"I was not noticed before..."表达了同样的不知情的意思,但却避免了给客户被指责的感觉。

例3:

"We must withhold payment until you complete the job satisfactorily."这句话暗含了不合作和威胁之意,让人不舒服。

下面的句子表达同样的意思,却让人舒服很多。

"You will be paid promptly once the job is completed satisfactorily."

类似暗含敌意的句子还有如下几种,大家在写作的时候谨慎使用。

You overlooked

You said that

You failed to

You do not understand

You forget to

要对话

要尝试和客户对话而不要推销，我收到大多数业务员的开发信都是在描述自己，通篇不给客户一个喘息的机会，没有一次对话，也完全没有让客户参与进来的意图，而且语言很枯燥，有的用词很生涩难懂。

开发信要出效果，就一定要让客户参与，要简单易懂。客户都很忙，看生涩难懂的信真的是很大的挑战，他很可能会选择随手将邮件删除。

"Please ascertain whether we must perpetuate our current contract."

阴阳鱼给外贸新人的必修课

这句话用了"ascertain""perpetuate"等生僻的单词,业务员可能还很自豪,"看我的英语水平多高,词汇量有22000呢"。可我们写开发信不是为了炫耀英文水平,而是为了让客户对我们产生兴趣,愿意跟我们合作的。

修改一下:

"Shall we continue the contract?"这样写就有了同客户对话的感觉,又简单易懂,它会更容易得到客户的响应。

开发信写作

给客户一个理由回复你

开发信的写作原则

1. 让客户打开

标题对于客户是否打开我们的开发信至关重要。标题如何能够抓住客户的注意力?我还举追美女的例子,有的美女注重物质,有的美女注重精神,追不同类型的女生采用的方法是不一样的。客户也是一样,让他们感兴趣的话题是不同的。我知道你马上会问,"那我怎么知道客户的兴趣点呢?不知道兴趣点我如何能搔到客户痒处呢?"这个,你先别着急。

其一,客户都是商人,有很多共性,比如没有客户不

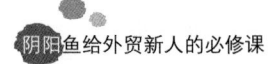

喜欢赚钱。

其二,相同类别的客户,触动点是类似的。比如连锁超市,对他们来说最宝贵的是货架,他们定位的是最大众化的市场,所以产品需求量大,需要交货速度快,产品价格便宜,而且他们的产品绝不能出问题,因为他们连锁店多,如果出了问题代价会很大。这就是为何他们都要验厂的原因。再比如高端零售商店,这些店跟大的连锁超市不同,是走差异化路线的。如果他们跟超市经营一样的产品,又没有形成规模效益,肯定死路一条,所以,他们就专门针对大连锁超市满足不了的小众市场,走个性化路线。很多高端零售店非常注重款式设计,有的甚至走奢侈品的设计路线。所以当你看到客户是大连锁超市,你本能地就要让他觉得你的工厂有规模,产品价格有竞争力,质量可靠,能通过验厂;而遇到高端零售商店,你本能地就要拿出你的新款式,让他觉得你的产品做工精良,质量非常优异,同时,要价的时候,不要和客户太客气。

其三,客户的网站上你一般是可以发现一些线索的。

开发信写作

比如我们来看图3-1所示的一个公司的网页，TUBS（The Ultimate Bathroom Store），从公司名称我们就看到了蛛丝马迹。Ultimate 表明他们公司有一个很高端的定位，Bathroom Store，说明他们在做卫浴方面的零售业务。

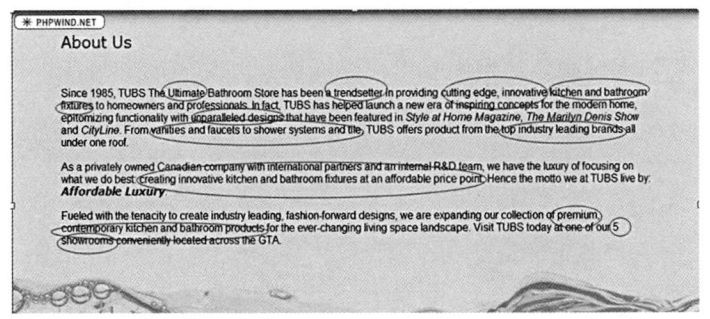

图3-1

从"about us"的页面，我们不仅可以看到他们是做什么的："a trendsetter in providing cutting edge, innovative kitchen and bathroom fixtures, premium, contemporary kitchen and bathroom products"，而且知道他的战略是款式和价格的组合，就是走类似宜家的路线，利用新颖的款式和不太高的价格吸引用户。因此，我们写开发信的时候，如果

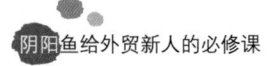

能打上他网页上的"trendsetter""innovative""premium" "contemporary"类似的词汇,就很能抓住客户的眼球了。如果你是做水龙头的,你把标题写成"trendsetter faucet producer""quality faucet supplier with innovative design" "supplier for premium quality faucet with affordable prices" 类似的标题,是否更有可能抓住客户的眼球,吸引客户打开呢?

2. 让客户保持阅读兴趣

客户从标题点击进来之后,第一眼看到的是称呼,看到"Dear Sirs"和看到"Dear Jack",感觉是完全不一样的,仅此一项,回复率可能就相差几倍。海外的专门邮件运维商统计称呼项导致的回复率的差距是650%。为何呢?因为"Dear Jack"是有明确的指向的,马上能让你同客户建立关联感,而"Dear Sirs"就没有。大家不知是否有过类似经历,经理对着一群人说你们把地给扫一下,结果可能谁都不觉得是自己的事,如果经理说小王你下午把地扫了，小王就不会觉得不是自己的事了。开发信写称呼的道理是类似的，所以不要节约这个搜索联系人的时间。

通过公司找联系人，大家可以利用 Linkedin 来找，虽然客户不加你，你不能给他发站内信，也看不到他的联系方式，但你还是知道他名字的。知道联系人，找到他的邮箱就容易一些。一方面你可以通过搜邮箱工具来搜索，另一方面，你也可以给你能找到的该公司的其他人发邮件问，就说你是他们的供应商，系统刚崩溃了，找不到他的邮箱，你有急事要找他。不是每个人都能回答你，但还是有些人会告诉你的。

再接下来，我一般称之为搭讪。想想我们坐火车，如何同旁边一个陌生人认识的？

"你去哪儿？"

"我去广州。"

"听你口音是广东的吧？"

"是啊，我是广州人。"

"我也是广州人。"

我们通过寻找共同点，建立关联。有关联是建立关系的基础，而关系又是信任的基础。我们会轻易信任一个与我们没有关系的人吗？当然是不，因为我们潜意识里会告诉自己，我对他了解太少，我不清楚是否能信任他。

客户在打开你的邮件的同时，会在脑海中搜寻这是谁发给他的，如果他没有印象，他的脑海里就会打个问号，不是熟悉的人发的，那跟他有什么关系？

所以搭讪这部分非常关键，让客户参与进来，让客户觉得这封邮件同自己有关系，客户才会保持阅读的兴趣。比如上面这个 TUBS 的客户，我们的搭讪可以这么写：

"As you are expanding your collection of premium, contemporary kitchen and bathroom products, you might be looking for reliable faucet suppliers."

通过这句话，我们呈现了能够跟客户搭起关联的点。然后，我们要顺其自然地一句话概述自己的优点。前面一句话建立了客户同这封邮件的关联。后面这句话，也是非常关键的，它建立我们同客户的关联，从而为接下来介绍我们的优势埋下了伏笔。比如我们可以这么写："I am confident that ABC is one that may suit you. We are proud to supply premium, modern faucets with stylish designs to upscale bathroom distributors for more than 10 years."

通过上面的这一句话,我说出了客户为什么要跟我合作,因为我很适合他的定位。有效地保持了他的阅读兴趣后,我们就要提供论据来支持上面的论点。为什么我这么说呢?客户凭什么相信我呢?

论据方面,我们围绕这个 premium,contemporary,以及 affordable 的主题来写,因为出口水龙头到北美需要认证,这一关肯定要过。

"Why you can rely on us for quality faucets? We have following qualifications:

– A talented in-house design team releasing original designs every 6 months;

– Passed ISO9001:2015 quality system;

– Abundant experience serving Canada upscale market,

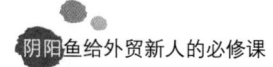

and our faucets have the CUPC certificate;

– Working with us, you can lower your costs for premium faucets, as we are factory direct and have the economy of scale."

通过这几条论据，有力地支撑了我前面的论点，而且句句紧扣主题，都是客户感兴趣的点。人类的阅读习惯都是跳跃式的，所以你的触动点一定要设置好。客户在阅读的时候大脑会优先扫描跟自己最有关联的内容，比如 rely on，quality，talented，design，original，ISO9001，abundant experience，Canada market，CUPC，lower your costs，factory direct 等。所以你的开发信里这类客户感兴趣的词，以及带有感性色彩的词决定了你的开发信是否能触动客户。

3. 让客户回复或者发询盘

我们再回到火车上与陌生人搭讪的例子，火车到站了，两个人掏出手机留下了彼此的电话号码，说"有空到我那去玩""常联系"等，这就是在进行下一步行动的安排。我们邮件的结尾同样地要进行下一步行动的安排。

客户带着兴趣阅读完了你的开发信,也对你的公司有个初步了解,接着客户会非常关心你的产品。我曾经问过一些国外的客户,他们收到开发信会如何处理。一个希腊客户告诉我,他会非常敏感,通常都会阅读,没有什么价值的就放垃圾箱里,有点意思但不急用的先保存起来备查,觉得比较可靠的他会询问个价格,与现有供应商比较一下。他很希望在邮件里能马上看到产品,可很多业务员都不发产品信息。同时,他说很多中国的外贸公司都是皮包公司,所以,他合作的公司他都要实地考察一下,当然这是后续的事情了。

关于产品,因为有些邮件服务器会屏蔽陌生人发送的链接和带图片的邮件,如果你一天发上百封邮件,建议不要直接插图片。如果发得少,建议还是要把产品目录附上。

结尾的技巧,前面介绍过,要激发读者反馈,或者问个问题。我们不是想要客户发询盘吗?那结尾可以这么

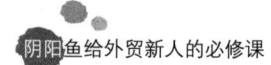

写:"What faucet models are you currently selling? Do you mind sending me the specifications & your requirement? I will immediately evaluate how we can help you."

通过问一个具体的问题来触发客户的回复。如果客户告诉你他正在采购的产品的规格,不就是一个询盘了吗?

总结一下,我们把上面的各部分合在一起就是一封完整的开发信了。

下文提供的开发信模板中"* * *"的位置,你可以根据自己的实际情况补充完整,对照使用。

标题:

supplier for premium quality faucet with affordable prices

正文:

Dear Jack,

Good morning!

As you are expanding your collection of premium, contemporary kitchen and bathroom products, you might be looking for reliable faucet suppliers. I am confident that ABC is one that may suit you. We are proud to supply premium, modern faucets with stylish designs to upscale bathroom distributors for more than 10 years.

Why you can rely on us for quality faucets? We have following qualifications:

—A talented in-house design team releasing original designs every 6 months;

—Passed ISO9001: 2015 quality system;

—Abundant experience serving Canada upscale market, and our faucets has the CUPC certificate;

—Working with us, you can lower your cost for premium faucets, as we are factory direct and have the economy of scale.

Attached please find our latest product catalog for your reference.

What faucet models are you currently selling? Do you mind sending me the specifications & your requirement? I will immediately evaluate how we can help you.

Best regards,

Mary

很多朋友要求我提供一篇开发信范文供参考，我也细致地写了，但我想很多人可能还是不能很好地掌握开发信的技巧。因为这确实是个说起来容易做起来难的事情。以前，我总相信授人以鱼不如授人以渔。现在我改变主意了，在快节奏的年代，销售员的压力都很大，学会打鱼的技巧非一日之功，等到学会了，可能也被老板开除了。于是，我决定做一个工具，大家需要开发信的时候，只要把你的产品、公司、一些资质情况输入，然后鼠标一点就出来一封阴阳鱼的开发信，岂不是大家都省心了。

我在这儿先提供两个例子，供大家参考一下。另外，后文会提供一个开发信的模板库,把大家修改的开发信集中放在一处,供外贸朋友们参考,共同交流。

标题:Re:New Energy Saving Iron(或者其他)

正文:

Dear Smith,

Leading companies such as ＊＊＊,now use ＊＊＊ as their reliable supplier for ＊＊＊ products.

For a cost equating to ＊＊＊,your customers will be able to save energy cost by ＊＊＊%.

The remarkable ＊＊＊ Iron uses ＊＊＊(某种工艺)to:

- (同客户相关的成果1)

- (同客户相关的成果2)

- (同客户相关的成果3)

To test ＊＊＊'s effectiveness,you can arrange a free no-

阴阳鱼给外贸新人的必修课

obligation trial now, by just replying this email. We will reply you immediately to arrange it.

Best regards,

* * *

一封简短的开发信三段就够了,第一段,你能给客户带来什么好处,客户为何要看这封开发信?第二段,客户为什么要相信你?第三段,接下来咱们怎么做?

要让文字背后有思想,这三个问题,你自己一定要想清楚,然后用最简洁有力的语言说出来,这样你的开发信就有力度了。否则,没有内涵,再美的语言都是浮华不实的句子堆砌。

标题:Re:Saving your purchasing cost for quality * * *

正文：

Dear John,

When you next consider your arrangements for ＊＊＊ products, I would welcome the opportunity to understand your requirements and situation.

Our customer include ＊＊＊, ＊＊＊, who have found our ＊＊＊ is superior in quality while saving them ＊＊＊% cost from working with us.

I will send you more detailed information regarding this product in another email. When you receive it, can you please email me your requirement for this product?

Best regards,

＊＊＊

标题的切入点很重要，针对不同类型的客户，切入点是不同的。比如小企业主，你可以跟他说，帮他赚钱。但职业采购经理对帮老板赚钱兴趣不大,他的职责是帮公司省钱,省了钱就有功劳,有奖金,所以你说可以帮他省钱,他会更关注。零售商、批发商、网店等各类不同的客户,他们如何运营自己的生意,业务员最好能有所了解。比如,大超市要求货品不仅要价格便宜,还要有很大的市场。一个产品的上架时间要持续1年甚至更长的时间,你如果用一个临时促销活动的低价去吸引他,肯定是不灵光的。

激烈竞争环境下的外贸销售员需要同无数个同类供应商争夺同一个销售机会,这需要很多的销售技巧,你准备好了吗?

开发信写作

20年老鸟阴阳鱼修改的开发信

案例1：

一个新手给我的开发信原件：

"Dear Sirs,

Have a good day!

This is Sam from ABC factory producing gloves. I am glad to know that you are a leading wholesaler of gloves. Hope to establish a good business relationship with you."

点评：这个开头有点平淡，没能让客户立即感受到同你做生意有什么好处，或者建立客户同这封邮件的关联。

"Our factory is one of the biggest glove factories in China with already 10 years' history. We can provide you with good quality gloves with good price and service. We have a lot of advantages

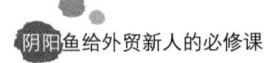

阴阳鱼给外贸新人的必修课

for all kinds of glove styles, Ladies', Men's, Kids'. The attached are some pictures of our products and workshops for your reference. Please check and let me know what kind of gloves you are interested in, or you can show your styles for our offering."

点评：这个公司介绍部分是典型的以产品特色为主来介绍的，不能让客户产生关联感，了解发信人能给他带来的好处。另外，论点缺少论据支撑，人人都会说我是最大的、最好的公司，客户凭什么相信你。

"We would like to take this opportunity to establish business relationship with you. If you want to know more about us, you can add me on your Skype or E-mail or visit our website as below my E-Business card. Maybe it is a start of our business. If you are interested in our goods, pls let me know. If you will attend the coming Canton Fair at April, 2016, pls don't hesitate to contact me at any time. We will wait for you there and show our more good samples for your reviewing."

点评：此段话不够简明扼要，也未能给出充足的理由和动力让客户同你联系。

"Any questions, pls let me know at any time. Looking forward to your earlier reply! Best regards."

修改后：

"Dear John,"

一定要找到合适的联系人，"Dear Sirs"无法让客户关联到自己。

"Good morning!

I just visited your web site, and know that you are the leading wholesaler in Poland for fashionable gloves with prestigious reputation for the quality."

一开始就谈客户的情况，让客户与你建立起联系，让他意识到这封邮件同他是相关的。

"You may be happy to find a new reliable source of gloves with superior quality & reasonable prices. You can select from an abundant variety of premium quality Jeans with stylish original designs updated every 6 months."

点出客户的利益点。

"Our factory has a capacity of ＊＊＊ gloves monthly, probably the largest in China. Since 2009, we have passed ISO9001, and all our products has the CE certificate. I attach the certificate images in the next email; please find them."

可信地展示自己的实力。

"Our satisfied customers include ＊＊＊, ＊＊＊ & ＊＊＊. I am confident that when you work with us, you will have the same satisfaction like them. To enable you to get a good understanding of our quality and service, we would like to extend a very special offer for your first sample order, with 15% (only limited to the first container). In the next email, I will attach you the product catalogs. Please tell me know what items are more salable for you."

给出客户采取行动的理由和动力。

"Best regards,

Sam

PS：We are also very capable of custom-making for you. Please just tell me the styles you select."

进一步敦促客户采取行动。

开发信的关键在于如何从标题就吸引住客户打开邮件，进而，正文部分继续抓住客户的注意力，让客户保持兴趣一直读下去，并在这个过程中被你的产品或者报价打动，最终采取行动回复你的邮件。

写好一封好的开发信要坚持几个原则。

（1）**简要原则**：现在客户都很忙，缺少时间。即使是再好的内容，重复说第二次，对于客户来说意义都不大，所以，写好开发信要先把重复的内容删掉，能要能不要的话，坚决删除掉，能说得简单通俗的话，坚决精简来说。

（2）**让客户建立同产品的联系感**：有的业务员写的开发信，从头到尾都是陈述自己如何如何，让客户找不到关联感。想要客户同你相关联，以下几点必须做到。

①**从客户视角出发**。要从客户的角度来组织句子，让客户更多地建立邮件同自己的关联。对比一下如下两句

话,哪句更能唤起读者的兴趣。"We are promoting a new plan that we believe has many outstanding benefits"以及"You will be able to generate more sales & profits with our newly improved model ＊＊＊",当然是后一句。

②**点明你能给客户带来的利益**。要吸引客户,就要把你能给客户带来的利益直接说出来。举个例子,你是卖机票的,你说"飞机飞得很快",这就是在说产品特性,你说"飞机能帮您节省时间",这就把飞机给客户带来的利益说出来了。

(3) **强力原则**:我们说"飞机能帮您节省时间",和说"飞机能帮您节约很多时间"哪个效果更好呢?它们对客户的心理激发的强度也是不同的,所以大家要多用能引起客户强烈反应的形容词,这样才能收到更好的效果。

(4) **可信原则**:客户收到开发信,与你初次接触,凭什么相信你呢?所以,论点要有客观的论据支撑。说产品质量好,大家都会说,倒不如说些可核实的内容,比如你们的产品通过了ISO9001质量体系认证,通过了CE认证,你们有哪些大客户,等等。

(5) **促使行动**:结尾的部分尤其重要。很多开发信的结尾既没有使用祈使句让客户采取行动,也没有问客户一个问题。整封邮件根本没有提请客户行动,整个就是一封介绍信,客户就是一个听众。设想一下,你们在什么情况下最可能采取行动,是听到"现在教室里好冷啊"这样的陈述句,还是"张三,你把那个门关上,好吗?"这种疑问句。开发信也是一样,你一直在跟客户说"现在教室里好冷啊"这样的单向陈述句,如何指望客户回应你呢?所以结尾部分,要采用祈使句,"Please close the door"敦促客户行动或者用问句"Do you feel cold?"引导客户回复。

案例2:

开发信原文如下。

Dear * * *

Glad to know, from your website, that you are the leading company in Japan for machine vision system.

阴阳鱼给外贸新人的必修课

> This is ＊＊＊ company here. I am sure we are the right one for you to seek vision solution, industry information, customizing products on your request.
>
> Maybe we can help you to save at least 10% cost saving with more high quality service.
>
> Some of our new models, such as Machine vision Lens/Bi-Telecentric Lens /HD XGA Industrial Cameras, have a bright market at home and abroad.
>
> Could you please do me a favor to tell me what items are more salable for you?
>
> Best regards,
>
> Ling

点评：

"Glad to know, from your website, that you are the leading company in Japan for machine vision system." 后面最好

再追一句概述他公司的业务性质、特色等的话，表示你对他们进行慎重研究了。比如"I just notice that you pay much attention to lower your cost for quality machine vision system."

"This is ＊＊＊ company here."这句话语气好硬，过渡不自然，缺少人情味。"May I introduce myself to you？ I am ＊＊＊, from ＊＊＊."这样会更有人情味点。"I am sure we are the right one for you to seek vision solution, industry information, customizing products on your request."这一句太突然，没有过渡。

"Maybe we can help you to save at least 10% cost saving with more high quality service.""Maybe"这个词没有力度，不自信，犹豫不肯定。

"Some of our new models, such as Machine vision Lens/Bi-Telecentric Lens /HD XGA Industrial Cameras, have a bright market at home and abroad.""bright"这个词有点歧义，不如就用good。注意用最简单的英语，因为日本人大

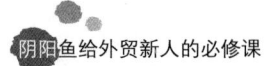

多英语不太好。

"Could you please do me a favor to tell me what items are more salable for you?"这句也有点突然。

修改后:

Dear ＊＊＊,

Good morning!

I am very glad to know you from your professional website, you are the leading company in Japan for machine vision system. I also notice that you pay much attention to lower your cost for quality machine vision system. That is where I can be of help.

May I introduce myself to you? I am ＊＊＊, from ＊＊. We have been in machine vision system industry for more than ＊＊＊ years. I am confident that we are capable of meeting your quality standard, while cutting your cost by at least 10%. Please be sure, we are also very capable of custom-producing with your drawings.

> To enable you to evaluate our quality, may I invite you to visit our factory?（或者：may I send you a sample?）
>
> Best regards,
>
> * * *

情况不一样时，这封邮件不一定合用。举这个例子，是希望新人通过实际案例的运用，了解开发信如何写。

案例3：

这封开发信介绍的产品是塑料制品，它试图先用访问客户网站的说法同客户建立关联，结尾用一个问句来探询如何能成为客户的供应商。结尾的地方比较适合规模大的，审核供应商有一定的流程的公司。如果客户是小公司，最好把结尾修改一下。

> Dear * * *,
>
> Very glad to know from your website that you are the lead-

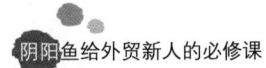

ing wholesaler of plastic products with most prestigious quality.

To be even more successful, you might look for a very capable & reliable producing supplier. * * * is a good one for you to rely on. We have passed ISO9001 since 2005, and our products has the CE certificate.

Our satisfied customers include Dupont, Demag, Weland, Cas and Aliplast. I am very confident that when you work with us, you will have the same satisfaction.

Can you do me a favor? What should we do to become your new vendor?

Best regards,

* * *

点评:

"Dear * * *,

Very glad to know from your website that you are the leading wholesaler of plastic products with most prestigious quality."

开发信从标题开始要能吸引客户的注意力。然后，正文的一开头还是要能继续抓住客户的注意力，直至结束。在此过程中，要能打动客户。

抓住客户注意力的办法之一，就是让客户感觉这封开发信是同他很相关的，能给他带来很多好处。所以"Dear Purchase Manager"，这样的开头，远不如"Dear John"有力。因此，如何找到客户的联系人，很关键。给大家提供3个方法。

（1）用"@客户的域名"到 Google 里去搜，往往能搜到相关的联系人，即便他不是负责采购的，你仍然可以去问他该公司负责采购的人是谁？

（2）购买高质量的名录，当然这个花费不菲。

（3）同行业的信息交换。比如我做卫浴台盆，和我同行业的包括做浴室柜、水龙头、下水管、镜子、淋浴房、浴缸、按摩缸等产品的，我们双方的客户会有高度重叠，甚至我同做瓷砖等其他建材产品,以及家具产品的企业的客户都有部分重叠。我找到这些行业的业务员交流客户资料就可以高效地获取很多客户资料。假如我们总共有10个业务员,每人有100个客户,放在自己手里就只有100个,大家一交流,如果不重复的话,就可以达到1000个客户。更何况,这些客户里有的是其他业务员熟悉的,经他们介绍,比你自己写开发信效果要好很多倍。

"To be even more successful, you might look for a very capable & reliable producing supplier. ∗ ∗ ∗ is a good one for you to rely on. We have passed ISO9001 since 2005, and our products has the CE certificate."

接下来迅速点明这封开发信可能给他带来的好处,就是你正是他需要的有能力的可靠的供应商,然后通过证书等权威信息证明这点。

"Our satisfied customers include Dupont, Demag, Weland, Cas and Aliplast. I am very confident that when you work with us, you will have the same satisfaction."

已合作的客户的反馈比我们自己说产品质量好、服务好都有说服力。

"Can you do me a favor? What should we do to become your new vendor?"

结尾设计一个合适的问句，一般可以提升客户的回复率。在被问问题的时候，人有回答的本能。就好像面对一个哭闹不停的小孩，最好的办法不是给他糖吃，而是问他感兴趣的问题，这样就可以迅速让他止住哭闹了。此外，问问题也可以让我们引导谈话的方向，并让对方有高度的参与感。

阴阳鱼给外贸新人的必修课

开发信模板汇总

激活好久没下单的老客户

模板1

正文:

> Dear ＊＊＊,
>
> We value all our business relationships with customers. We have especially enjoyed supplying your paper needs for the last five years. You understand, then, why we are concerned that you have not placed an order for the last six months. If we have offended you in any way, we sincerely apologize and want to regain your good will. We would appreciate knowing how to serve you better.

We have enclosed brochures of our new fall products. Since we have served you for such a long time, we can offer you prices that compare favorably with the prices on your previous contract. We are confident that both our new and standard products can meet your needs in every way. We hope to hear from you.

(By Dr. Mel Luthy)

模板 2

正文:

Dear * * *,

Last year was a great year for us. Why? Because we had the privilege of filling several large orders for you. We have not heard from you for several months, so it seems that you have forgotten us. Did we do something offending you? Or have you been so busy that you inadvertently overlooked your need to reorder?

Providing excellent service to our customers is very impor-

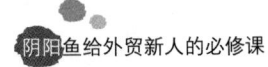

tant to us. Since we would hate to lose you as one of our most outstanding customers, reestablishing our rewarding business relationship is a top priority. Is there some time that I might meet with you to discuss your concerns? Please call me at 555 - 5555, and I will find some time that is convenient for you.

Were you aware that last year several of our products won awards for quality and affordability? And that we have a new line of cleaning products that is friendly to the environment, yet powerful? Please take a moment to reconsider whether you want to miss out on the quality products we can provide at such a nominal cost.

(By Dr. Mel Luthy)

模板 3

正文：

Dear ***,

Over the years you have been a loyal Doe customer, and

we have enjoyed meeting your office-supply needs. However, we have not received an order from you in over three months, and we are concerned. Is there any way we can improve our service to you?

We are aware that during the trucking strike, many of our customers could not get their orders filled quickly. Since then we have taken steps to ensure that every important customer receives prompt, reliable service. Will you please let me know if we can do anything to win you back? I have enclosed a copy of our new fall catalog. Call me personally at 555-5555 if I can help.

(By Dr. Mel Luthy)

开发新客户

以下模板由我本人起草,欢迎大家与我多交流。

模板4

正文:

Dear ***,

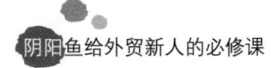

Very glad to know from your website that you are the leading wholesaler of plastic products with most prestigious quality.

To be even more successful, you might look for a very capable & reliable producing supplier. * * * is a good one for you to rely on. We have passed ISO9001 since 2005, and our products has the CE certificate.

Our satisfied customers include Dupont, Demag, Weland, Cas and Aliplast. I am very confident that when you work with us, you will have the same satisfaction.

Can you do me a favor? What should we do to become your new vendor?

Best regards,

* * *

模板 5

正文：

Dear John,

Good morning!

I just visited your website, and know that you are the leading wholesaler in Poland for fashionable gloves, with prestigious reputation for the quality.

You may be happy to find a new reliable source of gloves with superior quality & reasonable prices. You can select from an abundant variety of premium quality Jeans with stylish original designs updated every 6 months.

Our factory has a capacity of * * * gloves monthly, probably the largest in China. Since 2009, we have passed ISO9001, and all our products has the CE certificate. I will attach the certificate images in the next email, please find them.

Our satisfied customers include * * *, * * * & * * *. I am confident that when you work with us, you will have the same satisfaction like them.

> To enable you to get a good understanding of our quality and service, we would like to extend a very special offer for your first sample order, with 15% (only limited to the first container).
>
> In the next email, I will attach you the product catalogs. Please tell me what items are more salable for you.
>
> Best regards,
>
> Sam

PS: We are also very capable of custom-making for you. Please just tell me the styles you select.

模板6

正文:

> Dear ***,
>
> Good morning!

I am very glad to know you from your professional website, you are the leading company in Japan for machine vision system. I also notice that you pay much attention to lower your cost for quality machine vision system. That is where I can be of help.

May I introduce myself to you? I am ***, from ***. We have been in the machine vision system industry for more than *** years. I am confident that we are capable of meeting your quality standard, while cutting your cost by at least 10%. Please be sure, we are also very capable of custom-producing with your drawings.

To enable you to evaluate our quality, may I invite you to visit our factory? (或者: may I send you a sample?)

Best regards,

***

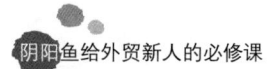
阴阳鱼给外贸新人的必修课

模板 7

正文:

Re: a reliable veteran Tyre supplier with 20 years professional experience

正文:

Dear ***,

A good supplier will save your money and be free from trouble. Quality means a lot for a tyre wholesaler like you. To be safe from customer complaints, you may need a very reliable supplier to count on. We are a right one for you.

*** has already 20 years professional experience in *** tyre and *** tyre. Our factory passed ***. Customers like *** & *** are very satisfied with our tyres for many years.

To let you have more ideas about our tyres, in a separate email, I will send you our testing report by SGS.

We would very much welcome your enquiry; surely you will get our best price.

Best regards,

* * *

模板 8

标题：Re: Lower your cost for baskets purchase by 20% more

正文：

Dear * * *,

Good morning!

I am very proud to find some baskets on your website are produced by us. （先建立同客户的关联感） Attached please find some pictures. （证明可信度）

> You may save much cost by ordering directly from a manufacturing supplier like us. （给客户的好处）
> When you make such a decision, we would be pleased to offer you our hand for your first time importation, which is rather easy. （打消客户的顾虑）
>
> We have just released abundant new styles of gift basket/camping basket/picnic basket. Do you want to have a look at the new designs?
>
> Best regards,
>
> * * *

客户产品线已经有本公司产品

当客户已经从竞争对手处购买了本公司的同类产品时，好消息是客户已经有需求及采购计划。坏消息是客户可能对于现有供应商很满意，并不想更换供应商，此时杀进去难度很大，而且需要经过客户的反复考验。

1. 不同的客户群体的应对策略不同

（1）大型采购商。

一般大型采购商会有一个主要的供应商,他在该供应商处的采购量可能达到总需求的60%~70%;一个次要供应商,他在该供应商处的采购量为总需求的20%~30%;一个第二替补供应商,他在该供应商处的采购量为总需求的10%左右。一旦主供应商有问题,采购商会迅速培养次要供应商和第二替补,以免出现供应短缺的风险。对于这类采购商,业务员首先要了解自己公司是否有实力成为该采购商的供应商,做到心中有数。客户就像鞋子,合脚的才是好的,而不是越大越好,以免浪费自己的精力,又搞得自己很沮丧。

如果你有这个实力,第一步的目标是成为该客户采购量约10%的第二替补供应商。在此之前客户可能要反复考察你的产品质量、服务等。业务员要有耐心,认真对待每一次打样,每一个小单子,因为它们都是客户的考验和测试。

要成为他们的第二替补也不容易,在初步建立联系的时候,你要仔细考察客户的产品、市场定位,终端客户对于产品的偏好、要求,并考察客户现有供应商的短板。你可以从以下几个方面切入:

①不断开发适合市场需要的新品,推荐给客户,如果新品被选中,双方则可以顺利建立关系;

②考察客户网站,看看客户的用户对于现有产品的反馈和投诉,试图解决这些不被现有供应商重视或者解决不了的问题,这些应该是客户很关注的;

③考察客户销量比较大的产品款式,研究看是否有方法可以在保证质量的情况下,大幅度降低成本,通过价格吸引客户。

(2) 中小型采购商。

相比大型采购商,中小型采购商的数量要少点。他们与大型采购商相比有几个情况可能不同,一个是采购者有可能就是老板本人;一个就是很多中小型采购商有细分市场定位,比如有的定位高端市场,有的定位很低端的市场，他们关注的供应商资质和产品也是很不相同的。比如定位高端市场的采购商会很注重质量，以及产品的差异化，而定位低端市场的采购商则更注重价格，对于款式往往只要求最大众化的就可以了。

另外，老板本人或者家族成员负责采购，采购心理同职业采购经理是不同的。老板本人或家族成员采购会更关注实惠，所以，针对这部分客户你需要直接让他们看到实惠。而职业采购经理，则更关注责任的承担和职务的升迁，不太愿意为了降低一些成本而冒更大的风险，所以，面对这部分客户，你要尽量给他们提供更多的说明材料，以便他们去说服自己的老板。如果你的产品有产品认证，如 ISO9001 认证等，他们会觉得他们承担的风险小很多。

第一封开发信，一定要突出自己的优势，如果你所能提供的同客户现有的供应商一样，他为何要费那么大的力气换个供应商？所以，你需要给他充足的理由换你来做。

因而，开发信要开门见山，点出你能给客户带来的好处，并且要有充分的令人信服的论据来支撑你的观点。

2. 寻找不同的切入点

（1）推荐新品。

模板 9

正文：

Hi John,

Good morning!

We are a candidate vendor for ＊＊＊ company; currently we are serving ＊＊＊, ＊＊＊ customers（先列出 2 个大客户的名字，最好是与目标客户同类的公司）. We have passed ISO9001, and our products has passed the UPC certificate. We are very confident that you can rely on us as a capable vendor.

I am writing to introduce a new product to you. This product is targeting 20 −29 years' lady. The sales in ＊＊＊ market have proven to be very successful. Within only 2 months, the sales have reached 100 000 units. I noticed from your website that 20－29 years' lady is one of your major clientele, so introduction of product ＊＊＊ should be a big sales hit for you.

BTW, we have the samples ready. Do you want to evaluate this new product ＊＊＊?

Best regards,

＊＊＊

（2）克服问题。

模板 10

正文：

Hi John,

Good morning!

I just visited your website, and studied your customers' feedback on your product ＊＊＊. It sounds that your customers (390 customers remarked online) are demanding to: ＊＊＊（陈述一下客户潜在的问题）.

We have successfully helped 20 customers solve this problem. ＊＊＊（描述一下细节，给点具体的信息，不要太详细，留个伏笔，下次再联系他）.

Very briefly about ABC Company, we have abundant experience serving ＊＊＊, ＊＊＊ customers（先列出2个大客户的名字，最好是同目标客户同类的公司）. We have passed the ISO9001, and our products has passed the UPC certificate. We are very confident that you can rely on us as a capable vendor.

May you give me a chance to present you more information on this? I will be glad to send you more detailed information upon your consent.

Best regards,

＊＊＊

（3）降低成本。

模板 11

正文：

Hi John,

Good morning!

We are a candidate vendor for ＊＊＊ company; currently we are serving ＊＊＊, ＊＊＊ customers（先列出2个大客户的名字，最好是同目标客户同类的公司）. I am writting to tell you, that we are able to cut your cost for ＊＊＊ item by 20%, thanks to the current breakthrough innovation on the production process.

The reduction in cost will not in any way influence the quality. We have passed the ISO9001, and our products has passed the UPC certificate.

What products are you currently purchasing? May I make an offer to you based on these items for you to compare?

Best regards,

＊＊＊

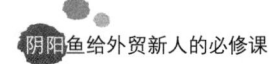

询问相关业务的联系人

清楚了客户的兴趣之所在,自己公司和产品的优势所在,以及如何引起客户强烈的兴趣后,你就要考虑这封信要发给谁了。找到具体的联系人,会让开发信的成功率数倍提高。

首先,你在 Google 里搜一下"purchase manager,buyer,general manager,merchandiser 等 + @客户网站.com",如果能直接找到采购负责人的电话最好,如果找不到,就直接搜"@客户网站.com",找到客户公司任何一个联系人,再向他们问采购负责人的联系方式,成功率也很高。

新手切忌不问收件人是谁,上来就推销,说一通套话例如我们是行业内最大的工厂,我们的产品是质量最好、最便宜的。这些话太空洞了,没有人会在乎。推销会让客户很反感,尤其是在收信人并不是具体负责采购的人的情况下,看到这样的推销信,他会直接删除了,或者举报你

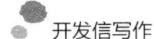 开发信写作

的邮箱为垃圾邮箱。

所以,邮件的目的你要清楚,就是找到相关的采购负责人让他回复询盘。因此,你要客气礼貌地说明来意,邮件可以简短点。

1. 已知联系人,不知联系方式

模板 12

标题:Hi, Mary, can you tell me the email of Mr. ＊＊＊?

正文:

Dear Mary,

Hope you have a nice day today.

Can you tell me the email address of Mr. ＊＊＊?

I would very much appreciate your help.

Best regards,

＊＊＊

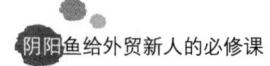

邮件中不做进一步说明为何要＊＊＊的邮箱，这个Mary有很大概率会觉得这封邮件来自一个已有的供应商或者熟人。如果对方问你是谁，你可以再解释一下。

2. 不知联系人，不知联系方式

模板13

标题：Hi，Mary，may I ask you for a favor?

正文：

Dear Mary,

Hope you have a nice day today.

We are a qualified supplier of ＊＊＊ Company; we can help you to save at least 15% of your purchasing cost for product ＊＊＊.

May I ask you for a favor? Who should we contact for e-valuating this further?

I would very appreciate for your help.

Best regards,

* * *

客户产品线里还没有本公司产品

如果客户产品线里还没有本公司产品,这对于你来说是个潜在的机会。如果他是个大客户,开发的周期会很长,因为大公司做决策流程很长,需要不同部门审批。

从客户的立场来想,当他们不知道这么一个新品的时候,有供应商来找他们,他们会经历什么样的判定流程呢?

(1)这个产品是什么?为什么要加入现有产品线?

(2)这个产品不错,可这家公司资质如何?有能力保证品质和供应吗?

(3)价格是否有竞争力?他是否要比较一下其他的供应商?

阴阳鱼给外贸新人的必修课

针对以上几个问题,我们可以确定发开发信初期的目标应该设定为让客户接受这个产品,第二步的目标是让客户接受你的公司。如果客户第一步对产品感兴趣了,此时你要及时介绍公司,证明你们有能力提供高品质的产品,保障供应。

第一封开发信需要把新产品介绍给客户,同时,还要把产品的益处,能给客户带来什么商业利益讲清楚。如果能有些销售统计数据证明这个产品销量的快速上升趋势最好。

模板 14

正文:

Dear John,

I just visited your website, and found that you are not offering ＊＊＊ products to your customer yet.

The sales of ＊＊＊ product in your local market grows very fast. The sales are expected to be very hot in 2018.

May I give you a little more information regarding ＊＊＊ products for your study?

Target：It targets 30 −40 years old man.

Features：

Price range：

Landed cost for you：

Estimated sales for you：

BTW, we have samples ready. Do you need a sample to evaluate it?

Best regards,

＊＊＊

这封开发信的重点在于让客户知道有这么一款产品,而且在市场上销量不错。产品介绍的侧重点在于让客户直观地评估该产品带来的收益,所以一些信息,如目标市场

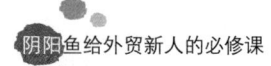

价、采购成本、销量等对客户来说都很有帮助。

利用展会发开发信

我们一直使用integrated marketing（整合营销），国外有研究，平均每个客户要触动8次才能合作，业务员如果觉得你发个开发信客户马上就会过来同你合作，那也未免太天真了。即便面对好的产品，客户也要有个接受过程，从感兴趣了解，到调研市场，到比对质量和价格，到拓展可能的销售渠道，等等，有很多工作要做。有人说，如果客户现在正在采购这个产品呢？是啊，如果客户正在采购，那他就有现成的供应商，只有客户在对这个供应商不满意的时候，你才有机会，但是，抢别人的客户也很难。

所以，我们每次展会前都会发送大量的邮件给客户，这正好也是客户一般不会反感再次向他介绍公司和产品的机会。如果客户能去参展，我们展会流量会增大，能和客户当面谈，谈判成功率也要提升很多。如果客户不去，也没关系，他至少多了解了我们一次。这种宣传方法既有重

点,又有广度。那些到了展会的客户可以进一步深谈,而没有去的客户也加深了对公司的印象。此外,公司坚持参展对于客户来说也有利于增强他对我们公司的信心。

模板 15

标题:Re:Hi,Mike,will you visit the Canton Fair on April 15th,2017?

正文:

Hi,Mike,

Will you visit the coming Canton Fair? If so, will you please visit us at booth ＊＊＊.

We have plenty of new products to be released then. Please follow the following link to preview the new products. www.＊＊＊.com. A % promotional discount is offered on the fair.

I look forward to seeing you there.

Best regards,

＊＊＊

Four

Foreign Trade Negotiations

外贸谈判

外贸谈判

关于谈判给新手的一些建议

广交会一到,销售员就开始摩拳擦掌准备同老外较量了。谈判对于有些国家的客户来讲,就是一种乐趣。刚开始的时候,我只做欧美市场,一口价不还价。后来做中东、南美、南亚地区的市场,我发现这些地区的客户总是讲价,一开始我很不屑,可慢慢地我发现,其实只是因为不同的市场收入水平不同,文化不同。讲价有时会给他们以乐趣和成就感,我何必太吝啬呢?要让客户在同你合作的过程中,得到他想要的成就感和乐趣,这样你才有同客户长期合作的机会。

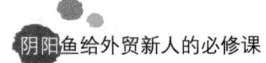
阴阳鱼给外贸新人的必修课

永远让客户觉得他赢了，合作才能长久

客户从我们这儿购买的不仅仅是产品，还有服务。让他觉得他在你这里备受重视，非常重要。即便在谈判中，你也要处处让客户觉得他被尊重。如果谈判中，你的价格目标达到了，但事后客户觉得自己输了，他的下个订单可能就不是你的了。

双赢

尽量从不同的角度看待问题。当客户提出一个要求的时候，你不要急着回应，而要揣摩一下客户为何会提出这个要求。其实，很多时候，某些要求是在客户不了解情况的背景下提出的，未必对他真的那么重要，但是对于你来说，代价却很高。所以，遇到不太合乎逻辑的事情时，尽量直接问客户为何提这个要求。了解原因之后，你或许能给客户提供一个更加完美的解决方案，既解决了客户的问题，你的代价也不高。

客户的视角

从客户的立场思考问题。之前我遇到过一个问题,就是按客户要求的尺寸我们一个原料只够做一个产品,这个尺寸稍微缩短点就可以一个原料做两个产品。业务员去同客户联系,就实话实说了。"Can you please consider the height of 14cm? As one material is 28cm, we can produce two pieces by one material."客户回信很不开心。其实,这个客户并不在意产品是16cm还是14cm高,他们在乎的是这个产品是否美观。他们担心做成14cm的话,产品不够美观,可能对于他们最终的销售有不良影响。后来我出面和客户沟通,我首先好言安慰了客户一下,并从客户的立场看问题,同时,语气上也比较客气,展示我对于客户的尊重。我回复客户说"Actually the most important thing is not the cost. 16cm height is really not that beautiful in appearance. The final consumers do not care whether it is 16cm or 14cm. What they care most is the product's appearance. I am a little concerned that might influence your sales. Anyway, you know your market better, we will respect your decision." 最后客户回邮件说，我想怎么做就怎么做吧，他说我比较专业，他都听我的。其实，谈判过程中客户在意的是你对他是否重视，是否愿意替他考虑。

要让客户觉得他是特别的

客户来砍价，有多种因素，真的是觉得价格高了只是其中一个原因。有的是因为客户的习惯，比如美国客户砍价很少，欧洲客户稍多点，而中东地区的客户就比较习惯砍价。印度客户对产品单价的期望值是报价的30%，这都是他们本地的习惯。也有的是因为砍价的过程会给客户一种成就感。做销售的我们一定要满足客户的这种对成就感的需求，让客户觉得被特殊对待了。"I have applied a most special discount for you." "You have received the best discount so far. Please keep it as a secret for us, otherwise we will be in trouble." 之类的话，会让客户觉得很有胜利感。

态度上让大步，但实际利益上让小步

有很大一部分客户需要的是你的态度，而不是真的价格让步。所以，要乐于在态度上让客户感觉到你很配合，很诚恳，但考虑到成本确实有困难。"We treasure you much as a very valuable customer, and we surely will make our best efforts to keep you always satisfied. Regarding the price, I will consult our General Manager and give you the best special price." "Our GM knows you are a very important customer, and agrees to give you 5% special discount. You know you are the only one receiving this special discount." "I sincerely hope that we will have a very successful cooperation soon. Please be sure 5% is really our best price. You know, recently the cost in China has grown up much, as *** material has grown up 30%, labour cost increase 30% every year, plus the exchange rate. Though cost went up much, we have kept our price stable for our customers for years. It is very likely that we will have to adjust our price early next year."

管理好客户的期望

业务员要非常小心地管理客户的期望值,不要让客户有超出公司能力的预期。要知道,希望越大失望越大。对客户的让步要越让越小,比如目标是让7%,就先让5%,然后再让1%,就坚持不让了。在此时若还是拿不下客户,你要先取得客户的同意,给他报一个价,他不再还价的基础上,再让出这个1%。最终,实在谈不下来,就给客户送个小礼物,暗示你也想给他大的折扣,但确实给不了了。有的业务员不懂得管理客户的期望值,一开始就大幅度让步,结果一下子把底牌都用了,结果客户不仅不会觉得你已经让到底了,反而会觉得余地很大,他还能要更多折扣,你也一定会给的。这个时候,你又不能给客户折扣,那谈判就陷入僵局了。本来可以到手的业务,因为你让步太大而告吹。

心理战

很多采购商在谈判的时候喜欢说心理战,比如故意对销售人员态度很生硬,或者很冷淡,或者装傻,只坚持自己想得到的结果,或者装可怜,告诉销售人员大公司制度比较死板,一点弹性都没有。其实,这些都是他们的心理战术。作为销售员,我们是否也可以跟客户玩心理战呢?我个人觉得有些艰难的谈判到最后肯定比拼的是双方的心理,但作为弱势的一方,心理战的玩法同强势的一方不同。我们可以搞诚意战,就是态度很诚恳,很重视同他们的合作,说一定会跟老板争取最好的条件。回头再跟客户说,你确实有难处,再装装可怜,告诉客户是什么原因你无法再给他更大的折扣,目前这个是最好的条件了,你跟老板磨了好长时间,还被老板骂了一通才拿到的,等等。最后,你再给客户点好处,送点小礼品什么的。对于态度确实蛮横的客户,可以适当给予还击,做冷处理,装出这个客户对你来说可有可无的样子,甚至显示出你对他完全

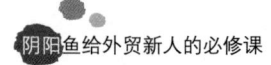

不感兴趣。这样有的客户看到你这个态度，会觉得你的价格应该到底了。如果你报的价格已经没有商讨的余地，你对客户还是很热情主动，那一些采购老手会认定你还有利可图。

设定合适的基准线

漫天要价，就地还钱。厉害的客户还价不会跟你说"给我便宜点吧"，而是说"我们能接受的价格是30%的折扣，我们准备订一个40尺货柜的货物，可以马上下单。"如果你是一名采购员，业务员给你报价100元，你期望还到80元，你就可以先还到60元。如果你直接还80元，那最多只能得到90元。反过来，作为供应商，如果你知道一些市场的客户期望的折扣很大，你在报价的时候，可以适当地把报价调高，然后在此基础上跟客户谈。例如我们知道客户想要20%的折扣，而我们的产品单价想卖100元，那我们就报125元。当然你也要注意这样做的风险，欧美客户如果觉得你的价格报太高了，可能会认为你没有诚意就直接走了。

你在一个地方让步，就要让客户在另一个地方让步，取得平衡

这个方法大家都会用，就是当客户让你价格便宜点时，业务员普遍都会要客户提高订单量。

客户说得越多，表示对产品越感兴趣

如果一个客户说得很多，并要求你降价，表示他对你们公司和产品很感兴趣，业务员不用觉得压力太大。反倒是那些不声不响就不回复，或者报了价格之后没有响应的客户，特别需要关注，因为他们或许真的有很多供应商，正在对比价格，这时就需要业务员仔细调研。

知己知彼

业务员要留心多收集客户的信息，在客户网站、社交网络、搜索引擎等都可以找到大量有关客户的信息，实在

找不到，要抓住机会多问客户，了解对方的生意。有的业务员担心问多了客户会觉得烦，其实不然。只要你比较有礼貌，客户不会有这种感觉的，这个是你对他有兴趣的表现。人总是喜欢谈论关于自己或者同自己有关的事情。你表现出对客户的市场、业务、公司、产品等有极大的兴趣，会快速拉近你同客户的距离。而且，这些信息对于你后续分析客户的需求，制作报价提案，以及谈判有很大的帮助。我曾经接待日本一个大公司＊＊＊化工的一个副总到山东枣庄考察，日本客户非常能问。当时，我觉得日本客户问的很多问题不着边际，漫不经心，也就是随意聊天，于是，我就知无不言，言无不尽。等到后来谈判的时候我发现对方之前了解的很多信息的价值体现出来了。人家对我们非常了解，可我们对人家却知之甚少，所以谈判陷入了被动。

 外贸谈判

客户交涉技巧之顿挫手法

我有一个德国客户,订了样品,样品费已付,但出运时遇到一个难题,就是客户没有到付账号。业务员联系快递公司后得知快递费要 600 美元。客户也确认了,但老板不在家,款付不出,需要让我们代付,他说下周会付给我们。

这是客户的邮件:

> Dear Amanda,
>
> We can not wait any more. Please send it ASAP. We need to present the room at the end of next week.
>
> I don't think we can arrange the payment for you today, because 4 people need to sign the pay order before the

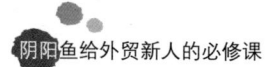

money is transferred and our boss is in Amsterdam now.

Please change your invoice also; the invoice address is wrong.

We have paid the sink cost already; please put only delivery cost.

Please don't wait for payment and then send it. We have 120 hotels. Believe me we will pay next week, when our boss is in Berlin.

It is very important for us to have the sink until the end of next week.

Many Thanks.

Mit freundliche Grüβen / Best regards

以下是业务员的回复。

Dear Alex,

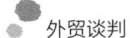

We fully understand your situation, while all customers pay freight before delivery.

If it is sent to China, we would give you a special arrangement to deliver goods soon. While now it is sent to Hamburg, the freight charge is much more than goods itself, and definitely the financial department will not sign the release for us.

Can you do me a favor, to get other solution to pay this?

业务员给我汇报的时候,我没有看到客户的邮件,直接就说不行,因为样品费才300美元,而运费要600美元。但是,我又想了想,还是让业务员把邮件给我看了下,然后我发现客户是可信的,这个600美元的风险还是值得冒的。德国人的信用一般都不错。我们给予客户足够的信任,才会换来客户的忠诚,虽然这是我们双方第一次合作,我还是选择信任客户。

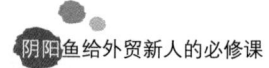

于是，我这么修改了邮件：

Dear Alex,

Thanks a lot for your email. I fully understand your situation that you need the samples urgently.（首先表示理解，与客户产生共鸣是合作的前提）

We never had this case before. Normally all our customers pay for the freight to the freight company directly. In your case, I have to apply for the funds from our financial department & our boss. Our boss is also on a trip in Hebei province. So it sounds not workable to waiting for his return.（第一，撇清关系，就是说这个运费不是我们付的，都是客户自己付的，话需要说得委婉点。然后，找困难，顿挫一下。说和他一模一样的理由，他也不好说什么）

Anyway, we need to work out this situation. As you need the samples so urgent, I will pay the freight by myself first, so you will receive them in time. I fully trust you will give me back when your boss come back.（都说锦

> 上添花易，雪中送炭难。在客户觉得山穷水尽的时候，再给他一点阳光，他会倍觉幸福来之不易）

如果没有前面的顿挫，后面你的帮助，或者让步，客户就只觉得是应该的。得来不易，才觉得弥足珍贵，才有成就感，才会珍惜。谈判的时候，千万不可拿单心切，一味迁就客户。有了这个顿挫，再加上是私人垫付，客户更觉得亏欠你，有机会就要补偿你一下。任何一种关系中，人人心里无形中都有一个天平，当别人觉得欠你的时候，找到机会，他们就会想办法回报，这个天平才能平衡，否则，他内心可能有压力，这个其实就是黄金定律的本质。

特别说明：

（1）这个德国客户我们自己做了调研，不是说每个德国客户都很好，所以，你不要以国别判断客户。

（2）涉及金额不大，只有600美元。即便客户不付，也就损失600美元。

做生意，风险管控很重要。请大家不要误解，觉得德国客户都是好的，无论多大金额都可以放账给客户。那样风险敞口太大，可能造成很大损失。

如何应对客户压价

屡次被问到如何应对客户压价,以及很多邮件报价客户反映价格太高,然后就不了了之了。分享一下我对于这个问题的看法。

"攻心为上,攻城为下。"**如果能让客户连杀价的念头都没有,还说"这东西真好,还真便宜",是上策。客户来谈判压价,在激烈的博弈中取胜,让客户接受了自己的价格,就像攻城,费时费力,是下策。**

如何能让客户连杀价的念头都没有呢?温习一下前言中"业务员的几重境界"一文。很多销售成绩的取得,并不是靠销售员的技巧,而是靠产品,靠公司的核心竞争力。如果你在苹果公司销售 iPhone,即便技巧一般,业绩也会很不错。相反,如果你在诺基亚,即便销售技巧高

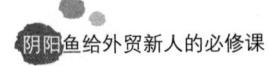

超，业绩也可能平平。

西方企业非常重视市场，重视以客户为中心来研发产品。而我国的中小外贸企业很少设置专门的市场部门。销售员往往以产品为中心，公司生产什么产品，业务员就卖什么产品。**如果公司没有专门的部门来负责研究市场，并以客户为中心做产品研发，销售人员要主动承担这个担子。**

产品要满足客户的需求

销售人员在一线接触客户，了解市场，销售员收集到的需求信息最为有效，所以，销售人员要积极主动地观察不同国家/地区市场客户订货的产品特征，并进行归纳和总结。同时，销售员也要积极主动地同客户聊他们的客户特征，对于款式和材料的喜好等，有时甚至要邀请客户参与到产品研发中来。客户参与研发，对你公司的忠诚度会特别高，在本地市场推广产品的热情也会很高，投入也会很大。

差异化战略

不要让自己的产品同其他竞争对手的产品雷同。根据不同市场的需求,在材质、款式、工艺、搭配、功能等方面加以变化。我们每半年就会出新款产品,客户每次到交易会现场都要求要新款。为什么呢?因为老款产品的价格透明度已经很高,竞争对手也多,而卖新款,客户的利润也会高些。

低成本战略

有人问我产品价格到底重不重要?我说当然重要。货比三家是人之常情。我们与其抱怨客户压价,不如自己狠抓成本,压缩成本。有些行业不好走差异化路线,那成本控制就更加重要了。同样的东西,人家能够三元钱买,你让人家掏五元买,谁会傻傻地找你下订单。

定价的策略

通过定价的策略,让客户产生你的价格很便宜的感觉。

1. 推几款促销的超低价产品

宜家收款台附近的免费续杯的饮料，三元的热狗，一些超便宜的货品，都是价格的心理基准线。因为这些产品的价格远远低于你心理的预期，所以让你马上产生这家东西真便宜的错觉，其实宜家大部分东西并不便宜。

2. 分拆价格

一个产品整套的价格看起来很高，你把它分拆了，每部分的价格看起来就不高了。比如你给客户报价就报普通简易包装的产品的出厂价格，这个价格看起来就会很便宜了，客户需要不同的包装再谈包装价格就可以。

3. 搭配销售

如果同对手货品很雷同，你就在定价上想些办法。比如你某个货品价格高于对手，你就做一个搭配销售，购买这个货品赠送另一个货品（当然是客户要用得上的）。赠品的成本对于出口贸易来讲往往是不高的，可宣传的时候，你可以按市场零售价格来说。

4. 设定基准线

做几款超级产品，把价格定得非常高，但你并不是要靠这几款产品做销量，而是用它们来设定客户心里的参考价格，让客户在心里把你们公司定位为高端厂家。在这几个超级产品超级价格的陪衬下，你的主销货品的价格就显得很有吸引力了。

5. 做好形象宣传，让客户产生信赖感

商品的外观细节处理要好，图册、包装、网站、名片，甚至是 PI、Invoice 等都要处处注意。业务员同客户的沟通邮件也要注意。客户很难相信一个错别字连篇，邮件格式混乱，图册图片都不清楚的公司。我曾经有个美国客户做超市的铝合金梯子，他去拜访一个供应商，结果看到

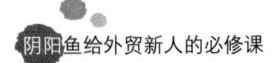
阴阳鱼给外贸新人的必修课

这家工厂的铝合金大门质量很差,最后他连门都没进就离开了。客户这么跟我解释的,他不相信一个做铝合金的工厂,连自己的大门都做不好会能做好产品。

6. 最好给客户提供质量保证,让客户放心购买

7. 主动提供产品通过质量认证的信息

8. 将比较忠诚的老客户作为样板

自己说自己好,有王婆卖瓜自卖自夸之嫌疑,而通过第三方客户去说,可信度就很高了。客户表扬你的时候,你可以表示会再接再厉,继续跟进,同时,你可以给自己写一个客户认可你们公司和产品的新闻,然后放在网站上。

9. 社会参考

为何有的餐馆生意越好,上门的客人就越多?因为人

们习惯通过其他人的行为来做判断。在展销会上，你可以无意间摆弄自己已经签订的订单。邮件里，你也可以**列一列自己的大客户，让你的新客户有个参考**。

10. "饥饿营销"

公司处理库存时，不要说是库存，就说搞一个限量特价，回报客户，先到先得。不仅仅是处理库存，公司偶尔也可以搞些低价的**限时限量促销活动**，通过特定几款产品来拉动销售。客户在订购促销品的时候，一般还是要订购其他产品的。

11. 销售人员不要让急迫成交的心态外露

你要摆出一副皇帝的女儿不愁嫁的样子。你越是急于成交，露出求着客户的样子，客户会觉得这是一种佐证，代表你的生意不好，肯定是你们公司某方面缺少竞争力，所以他更不敢同你合作。反之，你抱着一副爱买不买的架势，让客户感觉你生意很好，客户反而会觉得你比较可靠。有时，客户会通过你的表现来反推是否买得合适，进而决定下次是否再光顾。

还有，不要做傻事。有的公司在某个市场有一个很大的批发商客户，这个批发商的客户是一些小零售商，当这些小零售商找到这个公司，公司也给小零售商一样的批发价格。结果可想而知，大批发商要是不给别的零售客户降价，就会被淘汰掉，他只能选择继续压你的价，降低成本，这样的客户砍价，是由谁导致的呢？

以上讲的是"攻心为上"，介绍的更多的是一些预防性措施，大家可以参考。

差异化战略应对不同客户需求

困扰很多业务员的一个问题就是价格谈判。

报了价格,客户嫌高,说别人的价格比你低,或者就不回复你了,很让你忐忑不安。

被问到这样的问题,我也没有灵丹妙药。只能说一说我自己的经历。我们公司的产品定价是国内的各个厂家里最高的,价格比一般的厂家高出20%~30%,比小厂可能要高出50%还多。

价格报出去,多数客户都回信说我们的价格比同行高出很多。于是,我学习美国的销售资料,了解到培训大师都强调产品价值。因此,再遇到同类情况,我首先坦然承认我们价格确实比同行高,这点往往出乎客户的意料,也展现了我的自信。同时,我使出浑身解数,跟客户解释我们的产品质量好，以及如何能给客户节约其他成本等。这种方法收到了一定的效果，但说实话，搁浅的客户还是很多。

后来，我就思考一个问题，金融危机后，我们的市场从欧美的发达市场，迅速向中东、南美、南亚等地区转移。这些国家的收入水平确实比较低，客户对于价格敏感度很高，他们确实就是看重价格，同时质量要求也比较低。这个不是他们自己的原因，而是市场环境就是如此。如果价格上我不能满足他们的需要，他们就很不客气地同我再见了。

对于这样的客户，我采取两种方法，第一，看是否能够找到便宜点的材料或工艺把产品成本降低，满足低价市场的需求。现在印度这样的低价市场需求量非常大。如果这样的价格敏感客户都放掉很可惜。可如果做，光靠业务员三寸不烂之舌是很难拿下的。

第二，对于一部分价格要求确实太低的客户，我就主动放弃。客户很多，你不能贪心同每一个客户做生意，关键要把握好，自己公司的产品在市场上的定位是什么。于是，我汇总了一下公司所有的老客户资料，然后试图找出这些客户在不同的国家/地区是什么类型的，大致是什么定位，走什么渠道等。然后根据这些典型客户的类型去找新的客户，提高成功率。目标价格和我们的产品定价差异太大的客户，先看他的市场和定位，如果确实不能按我们的价格销售的客户，就直接放弃掉。与其在没什么可能性的客户上浪费时间，不如多找几个可能性大的客户。

在这个过程中，我也发现，有的客户虽然在不发达市场，但定位很高端，很注重产品质量和设计，也出得起价格。所以，我后来就做了一个 Price Discrimination（差别定价）政策，就是看客户定价。

具体而言，就是客户让报价，我不马上报过去。先了解清楚，客户在哪个国家/地区，规模如何，在市场上的定位是高端人群，还是大众市场？再在客户网站上找，他们的商业模式和核心竞争力选择，是靠高质量，还是靠低价格取胜。我会尽量筛选在竞争战略上同我们贴近的客户,然后报价。

迈克尔·波特讲公司的竞争战略有三种,成本领先战略,差异化战略和创新战略。成本领先,比较容易理解,也是大多数中国工厂选择的薄利多销,以批量和规模经济取胜。我们公司走的是差异化战略。当大家的东西同质化,完全一样的时候,自然就只能比较价格。可如果有的产品的设计、材料、款式不同,就不具有完全的可比性了。创新战略就不说了,颠覆行业,做革命性的革新,这个操作起来难度很大,尤其是在制造业,想模仿乔布斯太难了。

面对客户比价,我总在考虑一个问题:"这个客户为什么要接受一个比别人价格高的供应商?"我必须有个合理的理由,否则,人家凭什么当冤大头?这个还是得到客户的需求上找。于是,每次接待客户,在去工厂的路上,我一边开车,一边跟客户聊天,把客户是什么性质的公司,主要目标在哪个市场,做批发、零售还是工程。他们的市场定位是大众化市场,还是高端人群。靠批量取胜,还是靠差异化取胜。客户本人负责什么职位，他们的采购流程，甚至他们筛选供应商的标准都问一问。也顺便问一问，他们本地有无生产厂家，有无从别的国家/地区，或者中国别的供应商处采购。这次到中国来，是否还要去别的国家/地区等。当然问的时候，有的问题比较敏感，需要稍微绕个弯子。比如供应商筛选标准不好直接问，我就说："在你们市场，消费者购买这个产品最关心什么啊？或者作为供应商，我们怎么样配合，才能让您的这个产品销售得更加成功？"

后来，我发现问客户的这些关键问题，不仅让自己了解了客户的潜在需求和关注点，也帮助客户理了理思路，让他知道除了价格因素，哪些因素需要他给予足够的重视。

在接下来的时间，如果客户要求我介绍工厂，我就会有针对性地围绕客户关注的话题来介绍工厂的方方面面是如何操作的，当然抓住重点，和客户有关联的，以及自己的强项要多说。不着痕迹地让客户了解到，我们最能够帮他取得成功。

我把以上内容叫做软说服。它和硬说服的最明显的差异就在于，硬说服，说服的痕迹很明显，希望通过逻辑来理性地说服客户，往往会遇到客户的抵触，给客户很大的压力。在硬说服情境下，你越是试图证明自己，客户越有可能怀疑你的动机。如果你变硬说服为放松的交流式的软说服，就可以有效地化掉客户的抵触。

软说服就是通过一些相对间接的方式，把自己的优势说出来。当然，这个优势能够同客户的需求匹配起来效果最佳。比如展会布置得很有特色，公司网站做得很漂亮，名片目录印刷得很精美，报价单的格式做得很专业，很美观，这些不起眼的小事，都决定客户对公司的印象。凡是客户接触得到的地方都会影响客户的决策。销售人员处于同客户交往的第一线，业务员的素质直接影响客户的感觉。客户都喜欢专业、自信、可靠的业务员，专业不仅仅指业务员要对本行业和产品有较深的理解，也包含职业化的态度，做事认真严谨等。如果报出去的价格自己都不自信，犹豫不决，吞吞吐吐，客户会立即感受到，并拒绝你。国际贸易有很大的风险，所以客户都希望选择可靠的公司来合作。如果你今天报了价格，明天就反悔，说话前后不一致，答应的事情不给办，到最后一天才告诉客户交货期要晚了，给客户很多"惊喜"，这些都会让客户觉得你们公司靠不住。两个供应商，一个价格稍高点，但客户觉得业务员很专业，可靠，另一个价格稍低点，但客户觉得业务员有点不太可信。如果我是客户，我也会选择可靠点的。

谈判过程中当客户触碰到你的底线的时候，你的态度要非常坚决，这个是底线，即便是他也不能碰，让客户打消不合理的期望。这样做谈判的成功率比之前上升很多。至于我自己，我选择供应商的时候，也会挑选比较重视我们的供应商。所以，每个客户，无论订单大小，你都要让他感到他的生意对于你们来说很重要，这有利于提高订单成交率。

阴阳鱼给外贸新人的必修课

客户给的价格太低，该怎么做

客户给的价格低的原因

（1）有时客户给价低并不是因为你的竞争对手报价低，而是客户根据市场消费水平和价格敏感度来测算的，拿到这个目标价格，他产品的销量才能达到理想的状态。此时，你应认真了解客户对于产品各方面的需求，包装、尺寸、规格、材质等，有时客户的要求要远远低于你现有的报价规格。有时产品质量过好，造成成本高，不能满足客户市场要求，这样的情况也会发生。产品质量要同客户的市场相匹配，不是质量最好，客户就最喜欢了。针对不同客户，需要在质量和成本之间平衡。

（2）有别的竞争对手给客户提供跟你同质量的产品但

更低的报价。如果是这样,你们公司要认真学习人家控制成本的技术。如果你不能把成本降下来,同样的质量,客户为何要多花那些冤枉钱从你这儿买呢?这个不仅是销售员的事,也是老板的头等大事,涉及公司的竞争力和存亡。

(3)别的竞争对手报的是不同质量产品的价格,所以比你低。如果你能问出是哪家公司给客户报的价,报的什么规格、材质等最好,你就可以跟客户仔细分析,帮客户理清思路,确定他到底需要什么样的产品质量。然后引导客户,他的最终宗旨是要赚更多的利润,而不是买得便宜就能赚得更多……如果客户不告诉你竞争对手的报价情况,你就问客户他的最终用户对于产品质量的需求,他对于市场的定位,什么样的品质、材质、款式他会销售得更好,等等,这一样可以引导客户理清思路。

报价存在几个思考误区

(1)客户会选价格最低的。其实,很多时候,客户尤其是一些大客户会把最低价第一轮就过滤掉。就像打分，去掉一个最高分，去掉一个最低分。价格太低，很多客户会觉得他们的产品不可靠，为什么他家价格比别人低很多？可能是因为质量不佳，或者材料廉价……

（2）客户来要价格马上就报价。客户来问价格，你马上就傻傻地给他报价了，往往会得到一个不好的结果。有的业务员你拦都拦不住，他们总觉得客户要得很急啊，不报过去，客户就选别人了。

匆忙报价的结果是客户看不到你公司和产品的优势和特色，只看到一个价格。价格报高了，因为你没有其他支撑点，会被客户直接淘汰。而且，即便你有支撑点，你的报价针对客户的需求了吗？是最贴近客户需求的吗？而价格报低了，客户也未必就回复你，反而可能觉得你的产品不可靠。

所以，客户来要价格，不要马上报过去，而是迅速回邮件，告诉客户，谢谢他的询盘，你们很重视同他的合作，工程部门正在核算成本，你们一定会给他一个最好的价格。为了达到这个目的,能否问他几个问题?

了解清楚了客户需求,你才能报出最贴合客户需求的价格。

(3)一分价钱一分货。你的产品质量好当然价格要高。客户只要一还价,不问青红皂白,你就拿出自己的价值销售技巧,给客户突出自己产品的质量、公司服务等优势,告诉他为何小厂不可靠。可问题是,不同的客户,不同的市场,不同的渠道,他们的需求和定位都不一样。我们公司的目标市场从欧美市场向中东、南美、南亚,甚至非洲市场的转变过程对我来说就很艰难。一开始我坚持用书上学到的价值销售技巧来跟客户周旋,可效果甚微。后来,我想通了,不是每个客户都需要那么好的产品。有些国家/地区的客户就喜欢砍价,这是一种习惯,而且他们价格敏感度确实很高。于是,我把价格调整上去,然后给每个客户都打很大的折扣。同时,我想了很多办法,针对这些低价市场专门开发了适合他们的产品。这些措施收到了很好的效果,很快以上国家/地区就成了我们的主要市场。这个方法，比坚持价格要有效得多。

我们不要抱怨客户砍价，也不要认为所有客户都要高质量的产品，有的客户价格敏感度很高，他不需要最好质量，但高价格的产品，这类产品这些客户就是销不出去，因为当地市场的消费者收入水平不高。

客户找供应商，不是我们想象的找产品质量最好的，也不是找价格最低的，而是他认为同他最匹配的。我就看到有小客户拒绝了大工厂，而且那个大工厂的产品价格还真的不高。客户一定会有自己的考虑，比如"我的单子这么小，放在大厂做，不被重视，还不如放在小厂，他们单子少，会很重视我，按他现有条件产品质量也能达到我的要求"等。

外贸谈判

我的一次价格谈判

关于价格谈判,有业务员说,看你讲的原则也能理解,可具体操作的时候,又不知如何做了。正好之前有网友让我帮忙看邮件,征得她的同意,我就试着用这个实际的邮件案例,来近距离地展示一下这些谈判原则吧。希望对大家有帮助。

为了方便大家阅读,我先给出修改前后的邮件,然后再做点评。如果你不需要看邮件全文,可以直接跳过去看点评。

这封邮件的大致背景,就是业务员给客户报了价格后,客户觉得她的价格比别人家的高,要求降价。

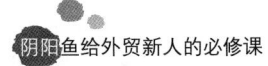

修改前的邮件全文：

Dear Pina,

Glad to hear from you ~

We really don't want to lose a good customer like you, so the price I inquired is lower than our general quotation.

Pls believe that the price is more competitive in our line of mirror.

What's more, the mirror frames you selected are very popular for good quality in Europe, like Ireland, England, Germany, Italy and so on. And we have received their repeated order.

If other suppliers supplied you the lower price than us, then according to my experience, I'm sure the quality cannot be the same as ours. Pls believe the quality of our product completely conform to the Quality Standard of Europe.

You know, the price can be negotiable depending on order quantity, delivery time, package and payment, etc.

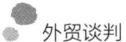

Normally, the 40HQ' container can be put 5 −7 styles of mirror frames, if the order quantity is enough, and you select 1 −2 styles of mirror in one container; then I'll negotiate with my boss before I give you some discounts. How do you think so?

Can I have your ideas or requests about our products? if you give me the order quantity of every style of mirror, I'll quote the better price for you asap.

Look forward to your kind reply ~

Much thanks and best regards,

* * *

修改后的邮件全文:

Dear Pina,

Thanks a lot for your email, and I fully understand your situation. I really treasure you much as a very valuable custom-

er. So I have applied hard from our boss for a most special price for you. Meantime, please rest assured that our superior quality will make your customers very satisfied. We may give reference to you for our satisfied customers scattered all over Europe like Ireland, England, Germany, Italy...

Regarding your request for a better price, I fully understand that it will be very helpful for you to sell faster in your market. We will certainly make our best to support you. I've just talked with our boss. He asked whether you can order 1 -2 styles and make one container. This will be very helpful for us to reduce the production costs on our side.

Certainly, we will respect your decision, as you are expert on your market, and our final goal together is to move more products to your consumers.

Please give me the quantities & styles, so I will work out a best price for you fast.

> Best regards,
>
> * * *

点评：

"Dear Pina,

Glad to hear from you ~"

从本邮件基本可以判断出来，客户的上封邮件应该是说 Pina 的价格比别人高。所以这个开头，就有点不够明确。如果你遇到这种情况可以考虑这样写：

"Thanks a lot for your email, and I fully understand your situation."

我们要养成一个习惯，就是对于再大的争议，都首先要表示理解客户的立场。理解不代表同意和支持，但它是风度和专业精神的一种体现，以理解也更能换得理解。我们在谈判的过程中，非常需要双赢的精神，而不是非赢即输的对立感觉。我经常强调，业务员在同客户谈判和交涉

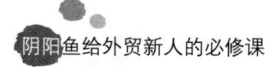

的时候,一定要有肩并肩的合作感觉,而不是针锋相对的对抗感。一句理解,可以化掉与客户对抗的感觉,客户能够更容易听进你的话。

"We really don't want to lose a good customer like you, so the price I inquired is lower than our general quotation.

Pls believe that the price is more competitive in our line of mirror."

这段话的意思大家都可以理解,但给人的感觉有点负面。业务员措辞要选用积极的词,把客户朝积极的状态去引导和暗示。比如 lose 就是一个负面的词,有一种冰冷的恐惧的感觉,而且这句话的表述还是以自我为中心的,因为你担心失去这个客户,所以才报价比常规低。这种负面的词,往往引起客户的负面情绪。我们业务员的战场在哪里?是在客户的大脑里,让客户保持愉悦的心情,处处朝好处想,他所做的决定,自然也对我们有利。这样一种恐惧,会给客户可乘之机,觉得可以操纵你的这种恐惧感。

这么改一下试试:

"I really treasure you much as a very valuable customer. So I have applied hard from our boss for a most special price for you."

这样写的不同在于，第一展示了你的诚意，很尊重和重视他，同时，也给了他特别的对待。第二体现了你已经很努力同老板申请特别的价格，所以客户不要再预期还有很大的空间。第三完全没有与客户对抗的感觉，整体上也是积极的、温暖的、努力的。

"What's more, the mirror frames you selected are very popular for good quality in Europe, like Ireland, England, Germany, Italy and so on. And we have received their repeated order."

这句话 Pina 想说她的产品质量好，在欧洲有很多客户，给客户打气，她可以更直接点说。

"Meantime, please rest assured that our superior quality will make your customers very satisfied. We may give reference to you for our satisfied customers scattered all over Europe like

Ireland, England, Germany, Italy..."

当我们要打动客户的时候，可以用一些非常积极的词语，引起客户强烈的情感。比如"rest assured""superior""satisfied""reference""all over"等，它们可以让句子的力道增加很多。

"If other suppliers supplied you the lower price than us, then according to my experience, I'm sure the quality cannot be the same as ours. Pls believe the quality of our product completely conform to the Quality Standard of Europe."

这段话犯了几个错误，（1）守着客户诋毁竞争对手；（2）下武断的结论。别人价格低未必就是质量不好，这个需要有证据才能说。另外，这样诋毁对手，很容易让客户对 Pina 反感。

如果是你，你可以试试这样写：

"I totally understand that you might have other offers as well, which might be good ones. I do not want say anything bad on a competitor; however, I want to prove to you, that

we are a most reliable one in terms of quality, capability, and service."

此时,我们不知道自己同竞争对手相比的优势在什么地方。遇到这种情况,我们的原则是不要诋毁对手,而是要巧妙地突出自己的长处(往往是对手的短处),虽然我们没有直接同竞争对手对比,但实际上客户自己心里已经对比了。

而实际上,这段话最好不要,因为让客户想起竞争对手就是不对的。它会引导客户去调查其他对手的价格,或者延缓同你的谈判,好比较价格,造成夜长梦多,出现意外的情况。

"You know, the price can be negotiable depending on order quantity, delivery time, package and payment, etc. Normally, the 40HQ' container can be put 5 – 7 styles of mirror frames, if the order quantity is enough, and you select 1 – 2 styles of mirror in one container; then I'll negotiate with my boss before I give you some discounts. How do you think so?"

这个地方看似是想做个让步,同时争取客户的订单款式更集中。

"Regarding your request for a better price, I fully understand that it will be very helpful for you to sell faster in your market. We will certainly make our best to support you. I've just talked with our boss. He asked whether you can order 1 – 2 styles and make one container.

This will be very helpful for us to reduce the production costs on our side.

Certainly, we will respect your decision, as you are expert on your market, and our final goal together is to move more products to your consumers."

这次修改主要是展现什么是与客户肩并肩的感觉。邮件中我们要替对方着想,点明双方共同的利益,该请求对方帮助的地方也提出来,这样会显得我们非常具有合作精神而且善解人意。同时,我们要体谅,缩减到1-2款,工厂是可以把成本降低了,可对于客户,是否能满足市场的需求呢？这个是由市场决定的，不是由客户决定的，供应商应该要给予理解和支持。

"Can I have your ideas or requests about our products? if you give me the order quantity of every style of mirror, I'll quote the better price for you asap.

I'm looking.

Look forward to your kind reply ~ "

"Can I have your ideas or requests about our products?"这句话在谈判的场合说显得业务员有点天真，客户如果不认同你的产品，就不会同你谈到这个程度。本邮件的目的是说服客户把款式集中到1-2个上，你好能给客户一个最低的价格。

所以，结尾可以这样写：

"Please give me the quantities & styles, so I will work out a best price for you fast."

围绕着上述目的，接下来我们希望客户如何做来推动事情往前走呢？不就是选1-2个款式，告诉你每个款式

他订购的数量吗?写一个祈使句,敦促客户采取行动,马上给你数量和款式。同时,你在态度上给客户一个很配合的积极的信号就行了。结尾用祈使句,让客户明确知道下一步要如何做,可以有效地提高邮件回复率。

客户说印度尼西亚供应商的价格是我们的一半，我该怎么办

不断有客户反馈说我们的产品价格太高，印度尼西亚供应商的价格只有我们的一半。那边工人工资只有600～800元一个月。国内的工资不断上涨，而且还出现"用工荒"，工人难招的情况。企业怎么应对这个局面？

如果只有一个客户说我们产品价格高，这或许就是客户用A的价格压B的价格进行谈判，可是如果两个，三个，甚至更多的客户都这么说，你就不会觉得这个是谈判的手段了。于是，我马上着手调研印度尼西亚的价格，我在Alibaba上找了几家印度尼西亚的同类工厂，发了个询价过去，很快就得到了一堆价格表。果然，他们的价格确实很低，超乎想象。其实印度尼西亚的价格低，许多年前

我就知道了，那时有客户同时和我们以及印度尼西亚的供应商合作，后来这些客户全部转过来同我们合作，原因是印度尼西亚的产品质量不行。所以，我现在最关心的不仅是他们产品的价格，还有他们产品的质量、款式、配套服务等综合能力。关于质量，中国的产品一开始质量也很差，可有订单练手，工人熟练度不断提升，再加上先进设备和技术的不断投入以及管理经验的积累，慢慢地产品质量就越来越好。中国走过的路，人家一样可以走。

为了了解更多这方面的信息，凡是有客户说到印度尼西亚的，我都要多和他聊几句，从侧面了解客户对于他们的质量、款式、服务等方面的评价。

早期的时候，遇到说我们价格高的客户，我总是引用"价值销售"的理念，来同客户解释为何我们的产品价格高，是因为我们产品质量好等。可以说，这有点收效，但主要是对欧美客户有点效果。新兴市场的客户价格敏感度很高，不买这个账。

面对众多的客户说我们价格高，如果我还继续用价值销售来解释，无异于把头埋在沙堆里的鸵鸟。我们必须面对这样一个事实。如果同等质量，人家能用5元钱买，你要收人家10元，你就没有存在的理由，所以，我必须采取行动。

再遇到这类客户，我不再跟他们强调产品"价值"。产品的价值，我们是通过感官来传递的，产品的质量、款式、品牌等，我们通过产品陈列、网站、图册等来告诉客户，我们的东西同印度尼西亚的不一样，而不是通过嘴巴告诉他们。相反，当客户说到价格的时候，我们采取新的策略，就是"动之以情"。当客户说到价格，我都先跟客户说，"我会给您申请最好的价格，您先挑选款式。"客户选好款式后，我们先把价格调上去，然后再给客户打折。

还有许多朋友反馈，报了价格后客户说高，然后就没有然后了。业务员很苦恼的同时，对于这个问题的理解也存在一些误区，觉得价格这个事情仅仅是谈判的问题，抱怨两句现在的客户难伺候就完了。其实有时候，真的不是谈判的问题，而是涉及公司生存的根本问题。

有朋友问，价格是否真的那么重要？虽然他们的价格是国内同行最高的，可他仍然觉得价格不是决定订单成交与否的唯一因素。

多个客户反馈说你的产品价格高了，你就不能逃避，需要面对。首先你要调研，是否自己的产品价格报高了，你都有哪些对手，他们的价格水平如何，质量如何。对于对手的优劣你要心中有数。

其次，如果真的是自己的产品价格高了，或者性价比不够，或者定位有问题，老板要想办法。这不一定说你们的产品价格要调到最低价，因为价格也只是客户考虑的因素之一。它只是需要采取一些措施提高竞争力，比如搞产品的差异化，革新设备，提高效率，节约材料，降低成本，开发新品，等等。你总要给客户一个你的价格高他还选择你的理由。

客户说要跟别人合作，你怎么回复

这是一个网友实际操作的案例，经网友同意，跟大家分享一下。

客户邮件正文：

> Dear Alice,
>
> Just 4 Burner stoves we'd like to get $ 8.90 each.
>
> Other prices are acceptable. Please consider the position.
>
> Best regards,
>
> Peter

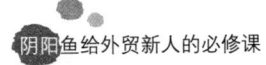

修改前业务员回复:

Dear Peter,

In fact the price has almost been our cost price. We can't reduce it.

Hope you will understand, thanks.

Kind regards,

Alice

修改后业务员回复:

Dear Peter,

Thanks for your email. I fully understand your request for a better price for 4 burner stoves. I've immediately talked with our boss on this. He treasures you much as a very valuable customer, and he has re-calculated the costs with our purchase manager and chief engineer. Unfortunately,

> we are unable to reduce the cost to your mentioned level due to... （如果有原因，也可以解释一下）I would very appreciate your kind understanding.
>
> Anyway, he has asked them to find ways to reduce the cost. When we do have ways to reduce the costs in future, I will be most happy to tell you immediately.
>
> Best regards,
>
> Alice

点评：

对于客户的压价要求，我们不能都满足，但也不能冰冷地直接拒绝，那样会让客户不开心，也下不了台。越是在要拒绝客户要求的时候，我们越是要考虑客户的感情。人都是有感情的动物，所以，你要绕个弯子，首先强调一下你理解他的要求，然后突出讲讲己方所做的努力。同时，留点余地，给客户一个念想，也给自己一个可能需要的台阶，同时还展现了自己极大的诚意。虽然同样是拒绝，但修改前后的邮件的字里行间透露的语气，差异很大，给客户的感觉差异也很大。

继续追踪下去，本来客户对价格都接受了，但因为业务员受老板影响，语气比较生硬。结果客户回复了这样一封邮件：

Dear Alice,

We are checking one company now. If it's OK we are starting cooperation with it. I do hope we will work next time with some products.

Best regards,

Peter

客户已经在暗示谈判正式破裂了。虽然后面有句客套的安慰话。可是，即便真的如此，你们公司也直接沦为备胎了。此时，建议你不要就此放弃，无论如何，还要再努

力一把。第一步再展现一下你的诚意,努力争取客户。如果实在不行,至少要知道你们是怎么被淘汰的。问问客户,你们哪里做得还不够,以便下次提高……

第一封信可以这么回,看看客户反应再说。

Dear ＊＊＊,

Thanks a lot for your email to let me know that. It sounds you have a good company proceeding now. Congratulations for that!

(先表示一下理解,体现你的度量,但也不要把姿态放得太低)

I have talked with our boss; he treasures you much as a very valuable customer. When you give us the chance to work with you, please be sure we will make our best efforts to keep you always satisfied.

Can you give me a chance, please? I will prove to you that we are your best selection: -)

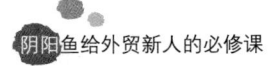

```
Best regards,

Alice
```

最新进展：

客户回复了一个字"OK"。

此时应该怎么回复呢？客户没有说这次订单会考虑你们公司，也没有说下次订单考虑。只说了一个 OK。而业务员这边，老板说价格再低的话就不能做了。客户只说一个字也是把球踢给业务员，看看你有什么诚意。从先前的沟通中，我知道业务员已经告诉客户，自己是代理公司的，然后也看到客户其实也跟业务员的供应商询价了。所以业务员觉得自己的价格可能没有什么优势，很绝望。

如果你遇到类似情况，无论如何，不要轻易放弃。即便最后你真的不成功，至少你没有什么损失啊。所以，我鼓励大家不要轻易放弃，要积极努力，奇迹也还是有发生的时候的。

技巧方面，业务员要把暗示朝最积极的方面去做。有些话不好直说，比如说"你这个单子就给我做吧"，但你可以暗示出来。同时呢，业务员一定要善于煽情，用热情、友好、积极、强烈的语气调动客户的情感，让他对你有好感，把选择的天平朝向你这边倾斜。一般而言一个乐观热情的业务员说话带有感情，更容易获取客户的信赖。

"Thank you so much, you are so nice. I treasure this precious opportunity to serve you, and will make my best to make you satisfied. I must treat you dinner when you visit China：-)"

开始我给他写了这句：

"To express our gratitude to you, my boss will inspect the goods by himself, to make sure the quality absolutely good for you..."

但业务员说，自己挺担心质量的，因为"其实这个价格我们跟工厂在谈的时候工厂那边说再便宜产品就不能用了……我有一点点担心质量"，为了避免将来有麻烦，下不了台，于是我改成下面的这句：

"To express our gratitude to you, I will stay onsite to control the quality for you... I will be your eyes here：-)"

这个是外贸公司相对工厂的优势,有人帮他掌控质量。外贸公司拼价格肯定拼不过自己的供应商。既然价格牌不能打,打打这个质量牌,看看能否触动客户吧。

最后,再给个问句,看是否能推动一下进展。

"What can I do for you now?"

总结一下,邮件是这样的:

Dear Peter,

Thank you so much, you are so nice. I treasure this precious opportunity to serve you, and will make my best to make you satisfied. I must treat you dinner when you visit China：-)

To express our gratitude to you, I will stay onsite to control the quality for you... I will be your eyes here：-)

What can I do for you now?

> Best regards,
>
> Alice

这最后一句"What can I do for you now?"也可以改为,"What is your quality standard..."不动声色地推进,只要客户给你回复,天平就在悄悄地朝你这边倾斜……

几天后,客户又只回了一个"OK"。

很明显,客户还是在等业务员在价格上主动让步,这个不温不火的态度,让客户占尽了心理优势啊。

跟业务员商量后,我们决定在价格上主动回应一下客户,在态度上让个步。但同时也不能给客户太大的期望,毕竟价格已经没有什么余地了。

邮件是这么写的:

> Peter,
>
> I fully understand your request for a better price for 4

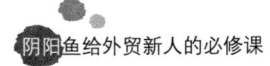

> burner stoves. Actually, after your first email, I've already talked with our boss on this. He has evaluated the costs, and told me you have got our best price; then I replied you.
>
> Anyway, I will talk hard with him again. Please trust me, I will make best efforts on this, though I know this is no big hope.
>
> Best regards,
>
> Alice

同时,我建议业务员跟老板争取,这个货号稍微让一点点价,哪怕是象征性的,毕竟其他三款你们报的价格,客户没有还价,是有利润的,拉平一下,还是有利可图的,先把客户做起来再说。

发了这封邮件后,客户又回了一个"OK",这次的OK,在意料之中,客户肯定是要等价格。

业务员问我还要不要回,我觉得还是回复一下好,告诉客户老板现在不在办公室,你明天早上找老板好好谈一下。同时,你可以问他几个问题?让他说一些除了"OK"之外的话,比如他们的质量标准是什么,他们的交货期如何?先交流起来,把你想了解的问题都谈一下,反正要等老板,他也不知道你明天给他什么结果,所以这段时间他还是会配合你的。付款方式暂时别谈,现在你问他,他说一个,你又被动。你等着他问,或者直接把你默认的做到PI里去,这样会主动一些。

利用这段时间,你也可以穿插问客户一些私人的问题,比如他来过中国吗?喜欢中国吗?吃得惯中国菜吗?反正别谈工作,就谈他个人的一些事,然后,你记下来,下次他来的时候,点菜就用得上了。这些内容不要写在一封邮件里,在他回复后,你再写。

这次的邮件是这样的:

> Peter,
>
> My boss is not in the office now. I will try to find him tomorrow morning and talk hard on this.
>
> May I ask you a couple of questions: what is your quality standard for the stoves? And what delivery time do you expect?
>
> Best regards,
>
> Alice

总之,当客户积极回复邮件的时候,业务员要趁热打铁,他回复你多,跟你沟通频繁,对你的好感就多点,对手的机会就少点。对手发一封邮件,你都发好多封邮件,把他的需求搞清楚了。他如果觉得你还不错,而又不想跟另外一家再解释一遍,你们两个供应商价格又差不多的话,他会想就选你算了,懒得再解释一遍。

建议业务员后面还可以问客户,他有无产品方面特别的需求，包装有什么要求等。总之，把能问的细节先问清楚了，他在你这边就有时间成本了。联系次数多了，客户印象也深些，而且信任感也强些。只要客户愿意回复，业务员就应该悄悄地推进。了解这些，也是推进的方式。

三天后，有了最新进展，客户针对业务员问的质量标准和交期的邮件，回复了这样一封邮件。

Dear Alice,

Thank you for your information.

There is no quality standard. They should just work for guaranteed period 1 year or so.

Best regards,

Peter

我们可以看出，客户为了得到低价，连质量标准都不要，确实属于价格敏感型的，而且交期他也没有提到，似

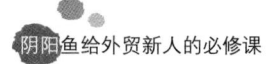

乎他还是纠结于价格。

此时，有一个问题，你需要弄清楚，就是前三款产品客户基本都接受了报价，为何对第四款产品，客户态度变化这么大？这里面到底是什么原因。业务员问了很多供应商，第四款产品价格都是贵的，业务员也搞不明白为什么客户对于第四款价格的期望值差距这么大，只能暂时撇下这个疑问。我建议业务员上 eBay 查了一下这个产品，两头的产品网上零售价格 $8.14，除以成本 $5.7，只有一倍多利差，而四头的产品 $54.2/9.5，有五倍多的利差。网上图片显示四头的质量要好很多。网上的价格调查，似乎就能说明，这个产品质量的差距很大。

接着业务员得到了一个消息，如果用工厂的彩盒，单位成本可以降到 8.9 美元，差距就大大缩小了。我决定先让业务员去问问客户，是否可以接受工厂彩盒，但此时还是不要给客户提供最新的价格。一则，让客户看到这边的努力；二则，还是吊吊他，也让他知道，这次是你非常努力争取的，他不能有再高的预期了。下次跟他说这是最好的价格了,他会更确定这个真的是最低价格了。

Dear Peter,

Thanks a lot for your email information.

My boss is having a meeting with the production manager, purchase manager, and chief engineer. They are working hard to figure out ways to reduce the costs.

May I ask you a question: can you work with the factory default color box? That may be helpful to reduce the cost.

Best regards,

Alice

客户很快回复:

Dear Alice,

We need our own brand name on the boxes.

```
Best regards,

Peter
```

这条路似乎是不通的。某天晚上睡觉前，我突然想到一个案例，觉得有一个可能，就是这个工厂本身也在谈这个客户。那么，工厂的策略可能就是前三款产品报的价格比外贸公司稍微低一点，因为他们也不想把便宜都给客户了，自己也要多赚点。而第四款产品，他们故意把给外贸公司的价格稍微抬高了点，好抢客户。

想到了这个点之后我让业务员跟工厂了解，为什么用工厂的彩盒就可以便宜？并让业务员了解包装的成本。业务员一定要熟悉各道工序的成本，包括包装、运输、材料、人工等，心里有底才能把握住工厂和客户。

业务员把跟工厂谈的截屏发给我，我发现工厂不愿意对包装单独报价，问了几次都是如此。

我一边让业务员继续和工厂了解包装的成本等,一边让他去问客户订货的数量,好推进谈判进度。

Dear Peter,

Thanks a lot for your information.

We are studying hard to compress the cost. Our engineer is a bit concerned about the influence on quality. Anyway, we must keep the quality working well. Meantime, we will provide you with 1% accessories for your customer service.

Can you tell me the quantity of this order? So we can study whether we can cut some cost in packing and logistics.

Best regards,

Alice

第二天,客户把最初的订单数量又给发了过来,回复还是很及时的。

阴阳鱼给外贸新人的必修课

我了解到不仅业务员开发的客户是一个新客户，合作的工厂也是一个新工厂。业务员一直说工厂价格已经最低了，但观察种种迹象，工厂并没有给底价，尤其是工厂报给外贸公司的出厂价基本等于工厂自己报给客户的FOB价格，可见价格空间还是不小的。

至此，我把自己的一些分析和猜测告诉业务员，具体的决策还是要他老板做。

（1）旁敲侧击地了解，工厂给客户报的8.9美元的单价是否是用工厂自己的包装？然后据此决定给客户让多少价，如果工厂报的是8.9美元，也是自己包装，你就不用紧张了。

（2）如果工厂报价用的是客户的包装，你要把自己的价格报稍微低点，大约9.0~9.1美元，果断接下订单。然后跟工厂这边把第四款产品的价格稍微压点，其他三款也都压点。让工厂知道，他们虽然报低价，也抢不过你们，所以要老实点。

（3）工厂在暗处，外贸公司在明处。你们再发两个款式询下价格，迷惑一下工厂，让他觉得他和你谈的不是一个订单，好放松一下警惕。

最后业务员跟老板沟通，老板果断决定，报稍微低点的价格。

Dear Peter,

I have very good news for you. I am so excited to tell you, after very hard working on costs & many meetings, finally we reach $9.0 per set for ***! I hope this will make good contribution to your market success.

May I ask you when you need the first delivery?

Best regards,

Alice

当日下午3点左右，客户回信。

Dear Alice,

OK. Please send me price-list.

Best regards,

Peter

至此,订单基本抢了过来啦。

客户跑了，是你没拿住客户的关切

业务员一定要拿准客户关切点的问题，妥善处理好客户关切的问题，才能顺利将业务向前推进，所以我一般要求业务员把客户的邮件读两遍，吃透客户的意思再写邮件。写好了回复邮件后再看客户的邮件判断自己是否妥善回应了客户关切的问题，润色修改好，然后再发出去。

吃透客户的意思，不仅是指要了解客户直接说出来的内容，客户没有直接说出来的潜台词你也要懂。

你要想"客户为何要问这个问题？"这个很多时候比他说出来的还重要。

可现实情况是，大多数业务员只关心自己，不关心客户。我看到有的业务员给客户回复的邮件和客户完全不在一个频道，客户说客户的，他说他的。用这个方法要是下棋可以，跟踪客户可万万使不得。你一定要反复揣摩，读懂客户的关切点，并彻底妥善解决好客户的关切点，生意才能水到渠成。

记住谈判陷入僵局的时候，多数情况是客户有某个重要的关切点没有得到妥善解决，所以客户要把这个事放一放，甚至否决掉。此时，最重要的不是自说自话去推销说服客户，因为你不了解客户的关切点，你所做的说服根本不对症，你要巧妙地旁敲侧击地盘问出客户的关切点。了解了客户的关切点，解决方案自然就有了。

举个探寻客户关切的例子。

客户回复了业务员的开发信，双方经过了几轮的邮件沟通后，客户回复了以下这封邮件。

Dear Vicki,

Yes, we liked your products very much and will contact you, once we have the order for you.

Best regards,

* * *

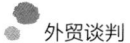# 外贸谈判

对于这类邮件，有的业务员觉得客户说的是托词，是敷衍自己而已。有的业务员说客户已经决定同自己合作了，但时机不对。

不管怎么样，了解客户当前是怎么想的很重要。他没有马上开始合作，可能是还有一些关切点没有得到有效解决。当然不是每个关切点都同你有关，比如之前我有一个客户准备订货了，却因为仓库腾不出地方等了几个月。但无论如何，如果你了解了这个情况，心里就更加有数了。

收到这封邮件后业务员给客户发了如下邮件。

Dear ＊＊＊,

Thanks a lot for your interest in our products.

I do not mean to push you, just try to understand a little more about your situation.

When you say "Yes, we liked your products very much and will contact you, once we have the order for you.", do you mean you are interested to add our products into

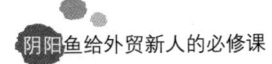

> your line, yet right now it is still not on your schedule?
>
> What stops you from setting a trial order now? Are there any concerns?
>
> I would very appreciate your reply, so we will know how we can help you more.
>
> Best regards,
>
> Vicki

销售水准的差异就在于你能否通过问题或者线索,准确有效地找到客户的关切点。

带过孩子的业务员可能有体会,小孩子在哭闹的时候,你问他什么原因,他在自己的情绪里,不会告诉你。当他还不会说话的时候,你就只能不断地猜,他是饿了,还是憋尿了……等你猜对了,他就平息了。当他会说话的时候,你就可以通过抛给他问题,慢慢转移他的注意力,或者引导他把需求说出来,然后也可以解决问题。

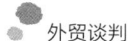

客户就如这些小孩子，有需求，但他不会明确告诉你。否则，拿订单变成多容易的事啊。

借之前遇到的一个案例说下。

客户的邮件如下。

Dear Lisa,

For the quality and finish of the bags I am sorry the prices are too high. My target prices are 8～11 USD including hardware and packing details.

I don't believe we can work together.

Dear Lisa,

The problem is the bags are already not what we would work with so I need to make many changes to improve and then the price will not work.

Thanks

业务员的邮件如下。

Dear Tony,

Thank you for your prompt feedback.

Could you please let us know the styles that you will make the changes?

Then we will check with our cost department to see whether we can meet your price range. Thanks.

Well, we also have our customers, which prices were also in your price range. And we keep the cooperation till now.

So I mean we can meet your price range and we really want to cooperate with you. Thanks.

Looking forward to your reply.

Best Regards,

Lisa

业务员问客人需要做如何的改动，然后会向成本部门确认下能不能做，之后告诉客户他们有其他的客人也在这个价格范围之内，所以客户提出的价格范围他们可以做，而且他们也很想跟客户合作。

点评：

业务员一直没有关注客户发出的第一个信号，也就是他们产品的质量还没能满足客户的要求，而是一直把目光放在价格谈判上。后来客户收到业务员的邮件看也不看就删除了。

客户的反馈，其实有三层含义。

第一，你的 quality and finish of the bags 目前达不到客户的要求。

第二，如果你的产品质量达到客户的要求，你的价格不行。

第三，要让你达到客户的要求还是有点麻烦的，如果不是有利可图，他可不想费这个事。

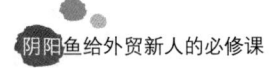
阴阳鱼给外贸新人的必修课

【与业务员的交流记录】

外贸阴阳鱼：

客户其实对你的产品质量和包装不满意，你应该在这个地方下功夫，追问客户最适合他销售的产品质量和包装是什么？然后看看能否满足他，而不是只跟他谈价格。

你可以上客户网站去看下，了解他的需求，然后在标题上就让他知道，你能满足他的需求，好让他打开你的邮件。

需要改动的地方太多的话，客户不愿意花时间，而且觉得弄下来，成本也没有降低，所以想放弃了，如果你能直接满足他的需求，不用他麻烦，价格也差不多，他或许可以考虑。

Lisa：

本来第一封邮件他是想让我发一些我们工厂的资料给他的。

外贸阴阳鱼：

别多想了，从满足他的质量和包装要求入手吧。

Lisa：

好的，那就先不谈价格了。

外贸阴阳鱼：

对，要仔细读客户的邮件，拿准客户的关切点，才能对症下药。

Lisa：

因为我们是外贸公司，很难把握产品质量，不知道从哪方面着手呢？

外贸阴阳鱼：

从客户的需求入手啊，客户在第一封邮件里提出来质量和包装，你就追问他的需求是什么？

Lisa：

好的，那我明天去工厂问下吧。

外贸阴阳鱼：

现在客户已经有点否定你了，甚至可能你问他，他也不回复你，你可以先从客户的市场和他的网站入手，看看能不能自己拿到他的需求。

一般有经验的工厂人员你跟他们说要做哪个市场，他们可能就能告诉你客户要的产品质量和包装是怎样的。

Lisa：

是的，现在客户确实已经在否定我了。

那我明天问下工厂，另外能不能跟客户说我们有做过哪些他们地区的其他客人的名单？

外贸阴阳鱼：

这些能加点分，但你如果不满足客户的需求，讲这些是不管用的。

Lisa：

就是说让客户先相信我们的质量是吗？先跟客户打下版，让客户看下质量？

外贸阴阳鱼：

注意，不同市场的客户对于质量需求是不同的，你最好搞清楚这个南非客户眼中的质量是什么？他的想法同你的理解可能有出入。

Lisa：

嗯，这个还真的不了解呢。因为我们很少做那个市场。这个客户是之前在香港的展会上接的，他在我们对面那家下单，他当时在我们展位看了下就走了。

外贸阴阳鱼：

网上什么都能找到，看看客户的网站，及南非其他客户的网站，或者问工厂。

Lisa：

哦，那还是要再多了解下他们的网站，但从他们的网站，我们只能看到他们喜欢的款式、销售价之类的。

外贸阴阳鱼：

跑工厂的时候多问，多了解，开始跟客户沟通的时候就多问。

Lisa：

嗯，要尽量多了解客户需求是吗？另外还有一个问题是我们经常遇到的，我们知道客户的目标价了，接下来做报价的时候，我们是发接近客人的目标价，还是高于客户的目标价1~2美元然后再慢慢降?

外贸阴阳鱼:

根据客户的不同而不同,也可以有高有低。面对喜欢砍价的客户要慢慢让,不喜欢砍价的客户要一步到位。

还有通过本案例,你也看到目标价是相对特定的质量而言的,你要搞清楚客户的质量要求到底是什么。

Five

Others

其他

其他

外贸老鸟告诉你,怎么快速让你的销售业绩翻倍

我常常问业务员一个问题:"你觉得你最紧缺的是什么?"很多业务员都回答是"客户"。我说错了,是你的精力和时间。如果给你充足的时间,现在信息这么发达,你完全可以找到很多客户。

国内一个卖门的业务员的做法让我很受启发。他每个月自己花800多元钱从网上购买名录。听说后我有点吃惊,自己掏钱买客户资料,在外贸行业我还没有看到有人这么做。他跟我算了笔账,说自己一个月的收入30 000多元,每天就是1 000多元,自己找一天才能找到多少客户,

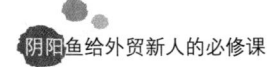

累死累活找100～200个算是很好的了，算上工资的话，自己找客户的成本远高于购买客户信息。更重要的是，自己的时间都花在找客户名录上了，就没有时间去做真正的销售，会损失很大。不在意自己时间成本的销售员，目光很短浅，不会算账，也不会取得好的销售业绩。他虽然投入了一些钱，但是他为自己赢得了时间，他的业务成倍增长，这些钱都赚回来了。

然后，他用这些名录去同做地板的，桑拿房的，卫浴的销售员互换，这些客户都是其他销售员正在开发的，质量很高，甚至还有人会帮着引荐他们熟悉的客户给他。

他还有一个高招，就是跟售楼处销售人员，以及一些房产中介合作。这些人把最近成交的客户名片给他，他做成一个单子就给人家分成。

我发现，业绩好的销售员都很聪明。我问他，"你不怕那些卖地板的销售员再用你的资料去同其他卖门的销售员换吗？这样你就有竞争了"。他说，"这是一个开放的时代。这些信息，拿在我的手里，是否别人就不知道了呢？

其他

不可能的。我拿这些资料换来的客户资料是我原来的好几倍,如果我不换,我的业绩可能就是现在的几分之一。我为何因为害怕给别人带来好处,就对自己可能得到的好处熟视无睹呢?更何况,现在早就不是那个靠信息赚钱的时代了。客户随便在网上一搜,就能搜到很多供应商。销售员也可以搜到每一个客户。所以,我觉得最好还是把目光放在自己的成长壮大上,而不是如何阻止竞争对手成长壮大上。还是那句话,紧握,你得到的就只有你手里的。松开,你才能拥有整个世界"。

我们外贸业务员能从中得到什么样的启发呢?

阴阳鱼给外贸新人的必修课

阴阳鱼教你如何处理客户投诉问题

广交会马上就要开始时,销售员有人欢喜有人忧。欢喜的是又可以接很多订单了,忧的是,有的客户是带着棘手的投诉问题来的,见了面怎么处理啊?

客户投诉是很多业务员常常遇到的问题,也是我被问到的最多的问题。这些问题有的很棘手,很折磨人。那么如何来处理这些问题?有什么方法吗?方法有,靠感觉。感觉很重要,一个刚出道的业务员,和一个有5年经验的业务员,以及一个有10年经验的业务员,他们之间最难逾越的差距就在于直觉,这个是需要日积月累的。

下面大致讲下我的体会。

其他

学会"化劲",不要硬碰硬

我们读武侠小说的人都知道,你一拳打到一个内功深厚的高手身上,他会把你的劲儿化掉。太极讲的是四两拨千斤,也是同样的方法。当一个客户气势汹汹而来,尤其是当他是性格好斗的人时,你如果硬碰硬,那会两败俱伤,而我们作为供应商损失更大。每一个客户的开发成本都很高,我们都要靠他的终身价值来赚钱。即便在争斗中我们一时占了上风,似乎赢了,最终还是输了。他下个订单下给别人了,这个客户的潜在价值你就丢掉了。

如果一个人没有在感性上接受你,你讲的话他是不会听的。在气头上的人,你讲话他听不进去。所以,要把客户的火气先化掉,让他接受你,然后才能进行良好的沟通。

那么如何化客户的劲呢?

1. 舍己从人

抛开自我,自我代表的是冲动、刚硬,缺少弹性,太刚易折。遇到客户投诉，首先老板会交代说，你们只能承担什么什么，业务员马上把这个跟客户沟通了，客户火冒三丈，变本加厉提要求，或者与你断交。这个是每天都在上演的故事，其实业务员完全不必这样来处理。

老板交代的底线，你心中有数就行。处理的时候，你不要先把自己的观点抛出来。你要先理解客户，站在客户的立场看问题，这个事情给他带来损失，带来不便了，他发发牢骚是正常的。我们业务员**首先要对客户的心情表示理解**。

2. 无争而争

他气势汹汹而来，你没有给他发火的机会，马上**对他表示理解，耐心地听他抱怨**，他无处撒气，反而会有些不好意思。有个故事说美国的一个大百货商店，客户投诉很多，员工都受不了，没人愿意做这个工作。后来公司没办法，招了个聋子来做这个工作。因为他听不见别人说话，所以客人讲什么他都不住地点头，还笑呵呵的。后来这个公司的投诉率下降了很多。

其他

3. 求之不得反求诸己

我们无法控制别人，也无法改变别人，但我们可以通过控制自己，改变自己来影响别人。我们中国人有几句俗话"人敬我一尺，我敬人一丈""己所不欲勿施于人"，我们想客户对我们什么样，我们就要对他们什么样。我们可以立个镜子在面前，时刻提醒自己外面的人是你自己，里面的就是客户。

4. 把客户的关注点从抱怨的问题，引到建设性的解决方案上

我们业务员无法左右客户的想法，但我们可以引导客户的注意力和话题。不要让客户总纠结在问题上，要帮客户解决问题。

5. 勇于道歉

确实是自己一方有过错，我认为必须真诚地道歉。大

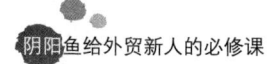

多数客户看你道了歉,火气也就消去一半了。

6. 用一些乐观、积极、正面的词,把客户带出悲观的消极的情绪

当一个客户信任你的时候和不信任你的时候,开心的时候和不开心的时候,对于业务员的同样一句话有不同的解读,因为他的感觉不同。所以,你要引导客户积极、乐观地想问题。

建设性的态度

遇到问题,最重要的是要解决问题,而不是追究责任。

第一个层面,公司要把这个问题解决了,将损失降到最低。

第二个层面,找到是哪里的漏洞导致了这个问题,如何预防它将来再次发生?

第三个层面,其他地方还有类似的问题吗?为何会发

● 其 他

生，体系有何问题？如何从体系上预防类似问题将来再次发生？

其实，对于公司内部，解决后面两个层面的问题，比跟客户争索赔的利益更加重要。

即便是客户的责任，你也争赢了，客户承认是他的问题了，但他很不开心，日积月累，他可能就跑别人那里去了，你不还是输了吗？

有很多问题的解决，不是非此即彼，而是有创造性的方案，能够把损失降低到最小的。

你要积极主动地去思考这些创造性的方案，也让客户认同这些创造性的方案。

赢得客户的信任

在处理类似问题的时候，最能影响客户对我们的信任。很多业务员问我，**如何才能赢得客户的信任**。我说，**你要值得客户信任**。相由心生，文为心声。如果你内心里在想着如何算计人，可又想让别人信任你，不是南辕北

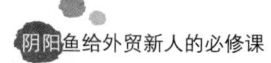
阴阳鱼给外贸新人的必修课

辙吗？

主动担当的精神

有的公司即使发现确实是由自己的问题导致了客户投诉也不敢担当，这对客户不公平，另外，这也是目光短浅的表现。**目光不要放在一个订单的得失上，而应该放在一个客户的终身价值，一个市场的培育上。**当我们调整目光的聚焦点的时候，我们的观点会发生很大变化。

你有没有遇到这种情况，当我们和一个熟人或者觉得很不错的人谈判的时候，双方都不好意思开价。而相反，有些时候，我们看到一些砍价砍得很过分的人，我们会加码把价格抬上去让他砍。

同理，看到你主动承担，愿意替他考虑，有的客户就会放松下来，也不好意思那么计较了。

棉花裹铁，外柔内刚

遇到客户特别不像话，欺负人，那我们还得柔中带

其他

刚。遇到不好的客户，我是坚决不跟他合作的。因为，不知哪天会着他的道。2003年我在展会上遇到一个美国大客户，他也参展，他对我们的产品也很感兴趣，但大家没谈拢。他比较傲慢，对待供应商非常不友好，我就拒绝了他。后来他每年展会的时候都找我们想合作，我们就是不跟他合作。后来，听说他在南方坑倒了好几个工厂，真的很庆幸我没有跟他合作。

欧美客户信用相对较好，但各个国家都有小人，他们看我们业务员求单心切，想保持跟他们的合作，可能就会来敲诈，如果得逞，他们就会得寸进尺。所以，**对于客户不合理的期望，要坚决拒绝，不给他任何机会和预期，这样他就不会怀揣不合理的要求了。**

处理投诉的流程

好了，讲了这么多心法层面的东西，具体如何处理，大家可能还是不清楚，我就来讲讲处理的顺序吧。收到客户投诉邮件，你要立即回复，绝不拖延。即使你需要调研，也得先回复。否则，客户觉得你没有诚意解决，忽视他，他会更加生气。我给大家一个模板。

（1）首先表示对他的情况完全理解。

（2）如果是自己方面的错，要立即道歉。

（3）如果需要调查情况，跟客户说，你们已经汇报老板，马上找相关部门的人开会，调查这件事情。问客户能否提供进一步的细节，比如拍个照片，有多少货物有问题，等等。

（4）如果事情已经调查清楚，就解释一下这个事情为何会发生，问题出在什么地方，已经采取了措施保证下次不会发生。如果客户有责任，要委婉地指出来。不说的话，太傻，客户还以为都是工厂的错，索赔的期望也会很高。说的话也不能得理不饶人，让客户不开心。比如是客户设计的缺陷，不要说"It is because your design is not feasible"，这展现的是推卸责任的感觉。你可以这么说，"Our chief engineer's told me, the design is the major factor that cause this problem. We may need to optimize the design together for the future production"展现的就是大家通力合作的态度。

（5）把客户的注意力引到解决问题上来。"It is really out of our expectation. We must find out a solution to get out, do you have any good ideas?"

（6）让客户感受到，你在积极努力地解决问题，而不是计较损失应该由谁来承担。

（7）在能够安抚客户，让客户舒心的情况下，争取利益。比如，有时可以给客户许诺下个订单给他补偿。如果你前面的部分处理得好，客户对你比较信任，一般客户是可以接受的。当然，也有特殊的情况。我们之前有个客户下了单，工厂交不上货，客户很生气，要求退全款，业务员不想退，我说客户现在不信任我们，怕他的钱没了，就退给他吧。钱退给客户，他接着又打过来了，说还要继续做，但客户这次就对我们放心了。

最后，再看一个案例。某业务员有一个老客户，下了两个柜子货物的订单，塑料袋包装加外纸箱，一个柜收到

阴阳鱼给外贸新人的必修课

后,因为客户要求的箱子太小,长途运输又颠簸,箱子里面比较乱,工厂年前赶货封口封得不是很好,有没对齐和褶皱的情况,袋子封口也有被挤开的。另外一个柜子的货物半个月后到,货款我们还没收到,两个柜子货物的货值各35 000美元,剩下尾款将近30 000多美元都还没收到,客户就提出理赔,说整理箱子要2 600英镑,并且1 000箱货物里面的产品无法销售。一个柜子里面放4 160箱货物,第二个柜子因为箱子的尺寸扩大了,工厂说应该不会有前一种问题。具体怎么办好,客户说收到货物才知道有没有破损,目前没有付款的打算,这个单子基本上没什么利润,我们就跟客户协商说扣除外包装的费用作为赔偿,客户一听赔得少,就比较生气,说我们不配合。工厂觉得封口不是大问题,自己存样的都是完好的,也不愿承担责任。

"I am not sure how to proceed, as I am very surprised by the lack of cooperation. Regardless of what happened with this, I'm sure you'll agree that we cannot put ourselves in this posi-

其他

tion again. This put us in a difficult position with the container on the water as we cannot pay for more stock that is in the same condition, but will not know until it arrives.

We have no doubt that you can fix these problems going forward, we just need to feel comfortable that if problems arise from the factory (which are not our fault) that it will not cost us money to put them right-which I hope you'll agree is fair?

Regarding packing the pouches flat, we are going to re-pack the last container (£2,600) in that way, as we cannot deliver them crushed in the boxes (our customers will simply return them to us) and we cannot wait for larger boxes to be sent in a future shipment (as the packs will be out of date). However, I understand your comment on not doing this from the factory, so we will look at alternatives."

从客户投诉的内容来分析,他们觉得是工厂的错,由自己来承担责任不合理。但问题的发生,也有客户设计不合理的原因。针对这个情况,我写了下面一封邮件供大家参考。

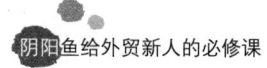

Dear ***,

Thanks for your email. I fully understand your situation. I apologize for the inconvenience brought you on this. Actually I have reported this to our boss. He immediately called for a meeting with the production guys, to identify the problems, and to make sure that will not happen again.

Our production manager said the main reason is the boxes are designed a little small, so not withstand the tough seaway shipment. He suggests bigger & stronger boxes in future.

When the new container arrives, can you check the condition of the boxes? And let us figure out what is the best solution to get out? We will be willing to do everything we can towards a good solution. Do you have any good ideas?

Best regards,

***